Michael Galuske · Werner Thole (Hrsg.)

Vom Fall zum Management

Blickpunkte Sozialer Arbeit
Band 5

Michael Galuske
Werner Thole (Hrsg.)

Vom Fall zum Management

Neue Methoden der
Sozialen Arbeit

VS VERLAG FÜR SOZIALWISSENSCHAFTEN

Bibliografische Information Der Deutschen Bibliothek
Die Deutsche Bibliothek verzeichnet diese Publikation in der Deutschen Nationalbibliografie;
detaillierte bibliografische Daten sind im Internet über <http://dnb.ddb.de> abrufbar.

1. Auflage März 2006

Alle Rechte vorbehalten
© VS Verlag für Sozialwissenschaften | GWV Fachverlage GmbH, Wiesbaden 2006

Lektorat: Stefanie Laux

Der VS Verlag für Sozialwissenschaften ist ein Unternehmen von Springer Science+Business Media.
www.vs-verlag.de

Umschlaggestaltung: KünkelLopka Medienentwicklung, Heidelberg
Satz: Absatz.Format.Zeichen, Niedernhausen
Druck und buchbinderische Verarbeitung: MercedesDruck, Berlin
Gedruckt auf säurefreiem und chlorfrei gebleichtem Papier
Printed in Germany

ISBN 3-531-14972-5

Vorwort

Im handlichen Taschenbuchformat werden in der Reihe »Blickpunkte Sozialer Arbeit« aktuelle Themen der Sozialen Arbeit aufgegriffen, die eine besondere Brisanz für die sozialpädagogische Praxis, Wissenschaft und Ausbildung besitzen.

Die Taschenbuchreihe »Blickpunkte Sozialer Arbeit« möchte die Vorteile von Fachzeitschriften mit denen gängiger Fachbücher vereinen: Aktuell sein – sozusagen »mit dem Ohr den Takt der Zeit registrieren« – und Themen historisch und theoretisch aufarbeiten.

Die einzelnen Bände der Reihe greifen schnell und kompetent Diskussionsthemen auf, wie sie die Landschaft der Sozialen Arbeit immer wieder hervorbringt. Studierende der Sozialpädagogik und Sozialarbeit, aber auch Studierende anderer, mit Fragen der Sozialen Arbeit sich beschäftigende Disziplinen, SchülerInnen von Fach- und Berufsfachschulen sowie die sozialpädagogischen PraktikerInnen sollen über die einzelnen Reihentitel die Chance erhalten, sich schnell und übersichtlich anhand von fachlich einschlägigen Beiträgen zu informieren. Ohne wissenschaftliche Standards zu unterlaufen, sollen die Aufsätze in einer zugänglichen, leicht verständlichen Sprache verfasst und übersichtlich strukturiert in einem überschaubaren Seitenumfang die Themen präsentieren.

Bisher erschienen in der Reihe folgende Titel:

*   Band 1: Zukunft des Jugendamtes (Luchterhand Neuwied u. Kriftel 2000)
*   Band 2: Erzieherische Hilfen (Leske+Budrich, Opladen 2003)
*   Band 3: Gespaltene Migration (Leske+Budrich, Opladen 2003)
*   Band 4: Soziale Arbeit und Sozialpolitik im neuen Jahrtausend (VS Verlag für Sozialwissenschaften, Wiesbaden 2004)

Die kleine Übersicht über die jüngere Methodendiskussion komplettiert die Reihe um einen fünften Band.

Karin Bock, Michael Galuske, Norbert Struck, Werner Thole

Inhalt

Zum Stand der Methodendiskussion in der Sozialen Arbeit – Einleitung

Michael Galuske/Werner Thole

Die Methodenfrage stand, wie C. Wolfgang Müller (zuletzt 2001) dies in seinen vielfältigen Arbeiten zur Geschichte der Sozialen Arbeit im 20. Jahrhundert nachdrücklich aufgezeigt hat, an der Pforte ihrer Verberuflichung und Professionalisierung. Mit den Methoden der Sozialen Arbeit ist jener Teil sozialpädagogischer Handlungskompetenz und Professionalität angesprochen, den man mit Burkhard Müller als ihre „handwerkliche" Seite bezeichnen könnte. Wie der Schreiner Säge, Feile, Bandschleife gezielt und kundig bedienen kann, um beispielsweise einen Schrank zu restaurieren und wie der Arzt einer strategischen Operationsplanung bedarf und chirurgische Techniken beherrschen muss, so gehört es zum Kern der Kompetenz von SozialarbeiterInnen und SozialpädagogInnen in Kindertageseinrichtungen, Erwachsenenbildung und Altenhilfe, in Erziehungsberatung, SPFH und Jugendzentrum, in Drogenhilfe, ASD und MigrantInnenberatung über Handlungspläne und Verfahren zu verfügen, mittels derer sie ihre berufsspezifischen Themen und Probleme nachvollziehbar und begründet angehen und bearbeiten können. Die Verfügung über ein ausgewiesenes und spezifisches Repertoire an bewährten Handlungsplänen und -mustern ist zweifelsohne Grundbedingung und Voraussetzung eines gesellschaftlichen Anerkennungsprozesses gewesen, der das mittlerweile weite Berufsfeld der Sozialen Arbeit Ende des 20. Jahrhunderts immerhin rund eine Millionen – auf allen Ebenen des beruflichen und akademischen Systems ausgebildete – Berufstätige zählen lies (vgl. Rauschenbach 1999).

Waren die Entwicklung und Etablierung der Sozialen Einzel(fall)hilfe ab den 1920er Jahren, sowie die Rezeption von sozialer Gruppenarbeit und Gemeinwesenarbeit in den 1950er und 1960er Jahren quasi die Geburtshelfer der modernen beruflichen Sozialarbeit, so war es – auf den ersten Blick paradoxerweise – ihre enorme quantitative Ausweitung und ihre Akademisierung an Fachhochschulen und Universitäten, die die Methodenfrage im Fachdiskurs für rund zwei Jahrzehnte auf die hinteren Plätze der fachlichen Agenda verwies. Mit der kritischen Wende der sozialpädagogischen Theoriediskussion ab Ende der 1960er Jahre geriet auch und gerade ihre methodische Orientierung ins Fadenkreuz einer Fundamentalkritik, die in den Ansätzen der Einzelhilfe und Gruppenarbeit vorrangig

Instrumente der Individualisierung sozialer Probleme, der Entpolitisierung ihrer Bearbeitung und der Sozialtechnologisierung lebendiger menschlicher Beziehungen sah. Insbesondere die sozialpädagogische Disziplin widmete sich in der Folge anderen Fragen, wie jener nach der sozialpolitischen und gesellschaftlichen Funktion Sozialer Arbeit, ihren Organisations- und Institutionalisierungsformen. Die Profession in der Praxis, die sich weiterhin tagtäglich den Unwägbarkeiten der prinzipiellen Offenheit pädagogischer Handlungssituationen stellen musste, bediente sich auf der nachvollziehbaren Suche nach Handlungsorientierungen derweilen vorrangig auf dem Fort- und Weiterbildungsmarkt, der reichliches aus dem Warenkorb anderer Disziplinen – vorrangig der Psychologie und Psychotherapie – sowie Importe vorrangig aus anderen Ländern, nicht zuletzt aus dem angloamerikanischen Raum, zu bieten hatte.

Doch spätestens seit Ende der 1980er Jahre scheint sich der Wind gedreht zu haben, und davon zeugt nicht nur die Konjunktur von allgemeinen und speziellen Einführungen in die Grundlagen methodischen Handelns in der Sozialen Arbeit (vgl. Galuske 2005; Spiegel 2004; Stimmer 2001). Zumindest ist in der Methodendiskussion der Sozialen Arbeit nach längerer Flaute wieder ein spürbarer Luftzug zu verspüren. Neue Debatten um eine sozialpädagogische Diagnostik, um Sinn und Unsinn von Erlebnispädagogik, um den Einsatz von Casemanagement (nicht nur) in der Betreuung von Arbeitslosen, um neue, effektive Formen der Arbeit mit Familien, um flexible Erziehungshilfen, um Sozialraumorientierung sind ebenso Beleg für eine mehr als lebendige Fachdiskussion um Handlungskonzepte und -formen in der Sozialen Arbeit, wie die feldübergreifende und die ganze Profession und Disziplin betreffende Einführung eines ganzen Arsenals an betriebswirtschaftlichen Methoden des Managements und der Organisation von (sozialen) Einrichtungen und Institutionen.

Will man die stürmische Entwicklung im Feld der Methoden der letzten 20 Jahre in der hier gebotenen Kürze auf grobe Entwicklungstrends reduzieren, so lassen sich die verschiedenen Aspekte zwischen zwei Polen ansiedeln, die durchaus unterschiedlichen Wurzeln entspringen: Der Entwicklung einer lebensweltorientierten Fachlichkeit einerseits und der Ökonomisierung der Sozialen Arbeit andererseits.

Der erste Megatrend ist quasi „hausgemacht". Die gedankliche Wurzel der Konjunktur alltags- und lebensweltnaher Methoden in der Kinder und Jugendhilfe ist die, mit dem Namen Hans Thiersch verbundene und dem 8. Jugendbericht etablierte, sozialpädagogische Leitkategorie der Lebensweltorientierung (vgl. Thiersch 1992, 2002; Grunwald/Thiersch 2004). Der zunächst unter dem Begriff Alltagsorientierung, später als Lebensweltorientierung firmierende Entwurf einer kritisch auf die Subjekte und ihre sozialen (Alltags-)Erfahrungen und Netzwerken

Bezug nehmenden, gesellschaftstheoretisch aufgeklärten Sozialen Arbeit, konnte sich trotz erheblicher Konkurrenz im Blitzlichtgewitter der Begriffsmoden und -neuschöpfungen, zur identitätsstiftenden Chiffre in allen Feldern der Sozialen Arbeit entwickeln. Egal ob in der Kindertagesstätte oder der Sozialstation, der Wohnungslosenhilfe oder der Jugendarbeit, den erzieherischen Hilfen oder dem ASD, überall wird über Prävention, Dezentralisierung, Regionalisierung, Alltagsorientierung, Integration und Partizipation als Leitideen der Gestaltung sozialpädagogischer Angebote diskutiert, werden Angebote und Einrichtungsstrukturen auf ihre Niedrigschwelligkeit und Zugänglichkeit für die KlientInnen überprüft, Partizipationsformen diskutiert und sozialräumliche Vernetzung angestrebt. Einige Beispiele zur Veranschaulichung dieses methodischen Trends:

- So wurden unter dem Stichwort Niedrigschwelligkeit (vgl. Jungblut 1993) zunächst in der Drogenarbeit, später aber auch in anderen Feldern der Sozialen Arbeit Fragen der Zugänglichkeit von Einrichtungen und Hilfeleistungen im Alltag diskutiert, sowohl aus organisatorischer (Öffnungszeiten, Erreichbarkeit, Bedürfnislagen der KlientInnen etc.) wie normativer Perspektive (Welche Bedingungen knüpfen sich an die Gewährung von Unterstützung?).
- Ein weiteres Beispiel ist die Durchsetzung der Methode der Straßensozialarbeit oder allgemeiner gesprochen von Formen aufsuchender, mobiler Sozialarbeit für zumeist randständige und auffällige Zielgruppen (vgl. Becker/Simon 1995; Galuske/Thole 1999).
- In den Erziehungshilfen haben verschieden Formen der familiennahen Kurzzeitintervention Konjunktur, wie etwa das Programm Familie im Mittelpunkt oder das Video Home Training (vgl. Kreutzer 2001).
- Für die gesamte Kinder- und Jugendhilfe ist überdies eine wachsende sozialräumliche Sensibilität zu beobachten, wie sie beispielsweise in der sozialen Netzwerkarbeit (vgl. Bullinger/Nowak 1998) zum Ausdruck kommt, mehr noch aber in den verschiedenen Modellen einer Sozialraumorientierung (vgl. Otto/Kessel 2004) mit vernetzter Infrastruktur oder den integrierten Erziehungshilfen (vgl. Koch/Lenz 2000).
- Als letztes Beispiel für eine zunehmend lebensweltsensiblere Kinder- und Jugendhilfe sei die theoriebasierte (Weiter-)Entwicklung einer aufgeklärten sozialpädagogischen Fallarbeit und Diagnostik genannt (vgl. zum Überblick Heiner 2004), deren Hintergrund nicht zuletzt auch in einem gesteigerten Interesse an mehr Leistungstransparenz und -kontrolle im Rahmen eines marktförmigen Modells der Produktion sozialer Dienstleistungen zu finden ist.

All diese Beispiele belegen eine fachlich motivierte, in verschiedenen methodischen Ansätzen sich konkretisierende Weiterentwicklung des Handlungsrepertoires der Sozialen Arbeit hin zu mehr Lebenswelt- und Alltags- und damit auch KlientInnennähe – sowie allen damit zusammenhängenden Problemen (vgl. Galuske/Thole 1999).

Der zweite Megatrend der Methodenentwicklung, die Ökonomisierung der Sozialen Arbeit, findet seine Wurzel nicht in fachlichen Diskussionen, sondern in den massiven Modernisierungsschüben des Sozialstaats, hin zu einer „aktivierenden", effizient zu gestaltenden Hilfe und Unterstützung. Im Kontext der Krise der öffentlichen Haushalte werden alle Angebote und Maßnahmen der Sozialen Arbeit auf ihren Sinn und ihre Effektivität überprüft. Privatisierung von Leistungen und Angeboten, die Etablierung von Quasimärkten durch neue Finanzierungsmodelle, Ausschreibungspraxen und gesetzliche Forderung von Qualitätsmanagement und Qualitätssicherung, all dies sind die Eckpfeiler und Rahmenbedingungen eines neuen, marktorientierteren Modells sozialer Dienstleistungsproduktion mit vielfältigen Konsequenzen – nicht nur, aber auch für die Handlungsformen und Methoden in der Sozialen Arbeit. Zumindest hätte sich kaum eine Fachvertreterin oder ein Fachvertreter noch zu Beginn der 1980er Jahre vorstellen können, in welchem Ausmaß der sozialpädagogische Code, ja insgesamt das sozialpädagogische Denken und Handeln von Begriffen, Denkformen und Handlungsmustern, aus dem Feld der Betriebswirtschaft durchdrungen und herausgefordert wird (vgl. Otto/Schnurr 2000; Galuske 2002).

Lage und Stand der aktuellen Methodenentwicklung und -diskussion in der Sozialen Arbeit wären vergleichsweise einfach zu beschreiben, ließen sich alle Trends und Entwicklungen zweifelsfrei dem ein oder anderen Hintergrund zuordnen. Doch so einfach ist es leider nicht. Dies zeigt beispielhaft die durchaus wechselhafte Geschichte des Konzepts der Sozialraumorientierung (vgl. dazu den Beitrag von Fabian Kessel in diesem Heft). Angetreten als Chiffre eines auf den sozialen Nahraum, seine Ressourcen und Bedarfslagen hin orientierten Ansatzes der Vernetzung von Hilfen auf der Basis sozialwissenschaftlich fundierter Analysen der sozialen Strukturen und Netzwerke, findet er sich heute im Spannungsfeld zwischen den Sparinteressen der Stadtkämmerer, die sich von den versprochenen Synergieeffekten in erster Linie Effektivitätsgewinn und Einsparung versprechen wieder (insofern geht Sozialraumorienteierung sehr häufig mit Sozialraumbudgetierung einher) , und dem fachlichen Bemühen um eine optimierte soziale Infrastruktur aus der Perspektive der Nutzerinnen und Nutzer. Ob es sich also im Einzelfall um ein fachlich fundiertes, methodisches Modernisierungsprogramm handelt oder aber um ein sich fachlich maskierendes Sparprogramm, ist allein an den Begriffen nicht abzulesen. Man muss im Einzelfall hinschauen.

Die Beiträge dieses Sammelbandes schauen hin und widmen sich einiger der zentralen Entwicklungen der Methodendiskussion der letzten Jahre. Um mit dem Ende zu Beginnen: E. Jürgen Krauß gibt in seinem Stichwort – der Tradition der Reihe folgend – einen Überblick über Stand, Stellenwert und Entwicklungslinien der Methodendiskussion in der Sozialen Arbeit, der es erlaubt, den Stellenwert der einzelnen Beiträge besser einzuordnen. Die sechs weiteren Beiträge widmen sich zentralen Feldern und Fragen der Methodendiskussion, der sozialpädagogischen Diagnostik (Burkhard Müller), dem biografischen Fallverstehen (Marianne Meinhold), der Sozialraumorientierung (Fabian Kessel), den neuen Formen der Familienhilfe (Max Kreutzer), der Evaluation und Selbstevaluation in der Sozialen Arbeit (Hildegard Müller-Kohlenberg) und dem Case-/Caremanagement (Eckhard Hansen).

Allen Beiträgen gemeinsam ist das Interesse an der Erkundung der Potentiale der neuen methodischen Angebote im Spannungsfeld zwischen KlientInneninteressen und sozialstaatlicher Funktionalisierung.

Literatur

Becker, G./Simon, T. (Hrsg.) (1995): Handbuch aufsuchende Jugend- und Sozialarbeit. Weinheim u. München.

Bullinger, H./Nowak, J. (1998): Soziale Netzwerkarbeit. Eine Einführung. Freiburg i. B.

Galuske, M./Thole, W. (1999): „Raus aus den Amtsstuben …". Niedrigschwellige, aufsuchende und akzeptierende sozialpädagogische Handlungsansätze – Methoden mit Zukunft? In: Fatke, R. u. a. (Hrsg.) (1999): Erziehung und sozialer Wandel. Brennpunkte sozialpädagogischer Forschung, Theoriebildung und Praxis. Zeitschrift für Pädagogik, 39. Beiheft. Weinheim u. Basel, S. 183-202.

Galuske, M. (2002): Flexible Sozialpädagogik. Elemente einer Theorie Sozialer Arbeit in der modernen Arbeitsgesellschaft. Weinheim u. München.

Galuske, M. (⁶2005): Methoden der Sozialen Arbeit. Eine Einführung. Weinheim u. München.

Grundwald, K./Thiersch, H. (Hrsg.) (2004): Praxis Lebensweltorientierter Sozialer Arbeit. Handlungszugänge und Methoden in unterschiedlichen Arbeitsfeldern. Weinheim u. München.

Heiner, M. (Hrsg.) (2004): Diagnostik und Diagnosen in der Sozialen Arbeit. Ein Handbuch. Berlin.

Jungblut, H.-J. (1993): Niedrigschwelligkeit. Kontextgebundene Verfahren methodischen Handelns am Beispiel akzeptierender Drogenarbeit. In: Rauschenbach, Th./Ortmann, F./Karsten, M.-E. (Hrsg.) (1993): Der sozialpädagogische Blick. Weinheim u. München, S. 93-112.

Kessel, F./Otto, H.-U. (Hrsg.) (2004): Soziale Arbeit und soziales Kapital. Wiesbaden.

Koch, J./Lenz, S. (Hrsg.) (2000): Integrierte Hilfen und sozialräumliche Finanzierungsformen. Frankfurt a. M.

Kreutzer, M. (2001): Handlungsmodelle in der Familienhilfe. Zwischen Networking und Beziehungsempowerment. Neuwied u. Kriftel.

Müller, C. W. (2001): Helfen und Erziehen. Soziale Arbeit im 20. Jahrhundert. Weinheim u. Basel.

Otto, H.-U./Schnurr, St. (Hrsg.) (2000): Privatisierung und Wettbewerb in der Jugendhilfe. Marktorientierte Modernisierungsstrategien in internationaler Perspektive. Neuwied u. Kriftel.

Rauschenbach, Th. (1999): Das sozialpädagogische Jahrhundert. Analysen zur Entwicklung Sozialer Arbeit in der Moderne. Weinheim u. München.

Spiegel, H. v. (2004): Methodisches Handeln in der Sozialen Arbeit. München.

Stimmer, F. (2001): Grundlagen des methodischen Handelns in der Sozialen Arbeit. Stuttgart.

Thiersch, H. (1992): Lebensweltorientierte Soziale Arbeit. Aufgaben der Praxis im sozialen Wandel. Weinheim u. München.

Thiersch, H. (2002): Positionsbestimmungen der Sozialen Arbeit. Gesellschaftspolitik, Theorie und Ausbildung. Weinheim u. München.

Forum

Das Case/Care Management

Anmerkungen zu einer importierten Methode:
Qualitätssicherung und -management in der Sozialen Arbeit

Eckhard Hansen

Der deutsche Diskurs über das Case oder Care Management ist nunmehr über zehn Jahre alt (vgl. Wendt 1991). Das Konzept stößt in vielen Dienstleistungsbereichen des Sozial- und Gesundheitswesens auf zunehmendes Interesse (vgl. Löcherbach u. a. 2002) und ist inzwischen Bestandteil sozialpolitischer Reformen, die im Pflegebereich und im Zusammenhang der Neuorganisation der Arbeitslosen- und Sozialhilfe umgesetzt werden (vgl. BMFSFJ 2003; Initiativ in NRW 2003a; Döhner u. a. 2002; Lachwitz 2003, S. 157). Angesichts der allgemein positiven Rezeption des als „noch zu wenig praktiziert" angesehenen Verfahrens (Wendt 2004) treten kritische Einwände und unbequeme Fragen eher in den Hindergrund (vgl. Klug 2002, S. 56-59; Remmel-Faßbender 2002, S. 75-79).

Erstaunen löst in der Betrachtung zunächst die Begriffsverwendung aus. Der aus dem US-amerikanischen Sprachraum übernommene Begriff „Case Management" („Fallmanagement") ist nicht nur in der deutschen Konnotation missverständlich. Seine problematische Auslegung trägt dazu bei, die ohnehin nicht präzise zu fassende konzeptionelle und methodische Rahmung der Arbeitsweise weiter verschwimmen zu lassen (vgl. Ewers 2000, S. 53). Der Begriff „Case" stehe, so das nachträgliche Bemühen um Klarheit, nicht für ein traditionelles, individualisierendes Fallverstehen, sondern beziehe sich auf eine problematische Gesamtsituation (vgl. Wendt 2004, S. 48; Wendt 2002, S. 14). Das Problem einer direkten Übertragung US-amerikanischer Terminologien in einen anderen nationalen wie kulturellen Kontext wurde unter britischen Verhältnissen rechtzeitig erkannt. Bereits 1991 hat das dortige Gesundheitsministeriums darauf hingewiesen, dass die Verwendung des Begriffs „Case Management" für NutzerInnen personenbezogener Sozialer Dienstleistungen erniedrigend wirken kann. Dem aufkommenden Missverständnis, es handle sich um die Person, die es zu „managen" gilt, wurde mit dem offiziell eingeführten Begriff des „Care Managements" begegnet (vgl. SSI/SWSG 1994, S. 10). Betont werden sollte, dass es um das Management von Leistungen und Situationen ging, die es NutzerInnen ermöglichen, in problematischen Lebenssituationen in ihrer vertrauten Umgebung zu verbleiben[1]. In Großbritannien, aber auch in Teilen der Vereinigten Staaten, so etwa im Bundesstaat Wisconsin (vgl. Challis u. a. 1995, S. 18), ging es dabei um begriffliche Klarheit, nicht aber um eine bestimmte Auslegung des Konzeptes, wie es gelegentlich in deutschen Veröffentlichungen angedeutet wird (vgl. Remmel-Faßbender 2002, S. 69 f.; Wendt 1999, S. 50-54).

Unabhängig von den begrifflichen Problemen offenbart sich der Wesenskern des Case / Care Managements in „beeindruckende(r) Schlichtheit" (Ewers 2000, S. 54). Zentrale Funktionen der Sozialen Arbeit werden analytisch getrennt und systematisch aufeinander bezogen. In einem vom englischen Gesundheitsministerium vorgestellten Basismodell sind potentielle NutzerInnen in einem ersten Schritt darüber zu informieren, welche Bedarfslagen mit dem Verfahren angesprochen werden und welche Dienstleistungen zur Verfügung stehen. In einem zweiten Schritt gilt es, das Niveau der Bedarfserhebung (Assessment) zu bestimmen (z. B. „einfach", „mittel", „komplex").

Der Kernprozess des Unterstützungsmanagements besteht aus weiteren fünf Phasen. Im Assessmentverfahren sind Bedarfslagen zu identifizieren (1), darauf aufbauend Leistungspläne zu erstellen (2), erforderliche Dienstleistungen zu organisieren (3), ist der Leistungsprozess zu kontrollieren (4) und schließlich zu evaluieren (5) (vgl. SSI / SWSG 1994, S. 10). Diese Ablaufphasen werden in deutschen und englischsprachigen Veröffentlichungen zum Thema in unterschiedlicher Differenzierung und mit unterschiedlicher Terminologie behandelt (vgl. Neuffer 2002; Wendt 1999). Wesentlich im Verfahren ist die Gewährleistung der Dienstleistungskontinuität. Dem Anspruch nach ist das Case / Care Management nicht episodisch angelegt, sondern behält den gesamten Betreuungsverlauf im Blick. Zudem soll es eine Klammer zwischen den in den Betreuungsprozess eingebundenen Einrichtungen und Professionen bilden und somit widersprüchliche Zielorientierungen und Doppelarbeiten vermeiden helfen.

Die Systematik der Herangehensweise verspricht einen rationaleren Einsatz von Mitteln und Leistungen, und genau darauf begründen sich viele im Diskurs deutlich werdende Vorschusslorbeeren. Es entsteht der Eindruck, es handele sich

---

1   *„The use of care management is significant because it is an acknowledgment that the work which will need to be done to ensure care in the community is not merely with an individual case, client or person but can involve the provision of a range of activities and services provided from a variety of sources. It is the package of care, involving whatever is necessary to enable the individual to continue living in the community, which will have to be managed, not the frequency and content of visits by a social worker to an individual client"* (Orme/Glastonbury 1993, S. 3; Hervorh. im Orig.).

beim Case/Care Management um ein geradezu wundersames Instrument der Sozialpolitik, um eine Art Aladins Wunderlampe, deren Geist jedem, der daran reibt, Wünsche zu erfüllen scheint: Die Soziale Arbeit wird effektiv, effizient, berechenbar, transparent, professionalisiert, kundenorientiert etc. Bei nüchterner Betrachtung stellt sich allerdings die Frage, was eine Methode in Deutschland bewirken kann, deren Erfolgsgeschichte vor dem Hintergrund des US-amerikanischen Wohlfahrtsstaates zu verstehen ist.

Ein näherer Blick auf den gesellschaftlichen Kontext, in dem das Case/Care Management etabliert wurde, lässt den neoliberalen Hintergrund des Konzeptes erkennbar werden. Dies trifft allerdings nicht allein auf die USA zu, sondern z. B. auch auf ein Land wie Großbritannien, in dem seit Anfang der 1990er Jahre mit der Methode gearbeitet wird.

1   Das Case/Care Management als Instrument neoliberal orientierter Wohlfahrtsstaaten

Die Hervorhebung der Rolle des Marktes und die Einführung von dem Markt entlehnter Steuerungselemente sind zentrale Merkmale neoliberal orientierter Staaten. Das Case/Care Management ist in diesem Deutungszusammenhang sowohl im US-amerikanischen wie auch im britischen Wohlfahrtsstaat gut identifizierbar.

Die Soziale Dienstleistungslandschaft der USA zeichnet sich von jeher dadurch aus, dass Hospitäler, stationäre Einrichtungen, kommunale Träger und nichtstaatliche Dienstleistungsorganisationen in relativ hohem Maße unabhängig voneinander und relativ schlecht koordiniert agieren (vgl. Payne 1995, S. 52). Das System wurde noch unüberschaubarer, als im letzten Quartal des 20. Jahrhunderts Wachstum und Kostenentwicklung des Dienstleistungssektors zu verstärkten Anstrengungen der Deinstitutionalisierung und Privatisierung sozial- und gesundheitsbezogener Leistungen führten (vgl. Wright 2000, S. 146 ff.). Diese vornehmlich organisationsbezogenen Reformstrategien allein waren nicht funktional und bedurften einer Ergänzung, eines „human link": Des Case Managements (Miller 1983, zitiert nach Challis u. a. 1995, S. 19).

In diesen markt- oder marktähnlichen Strukturen hat das Case Management die Aufgabe, effizient wie effektiv Bedarfslagen mit Angeboten in Übereinstimmung zu bringen. Es agiert dabei zugleich in einer advokatorischen Rolle den Dienstleistungsnutzern gegenüber, denen im unübersichtlichen Sozial- und Gesundheitswesen „eine Stimme" verliehen wird (Wright 2000, S. 151). Diese Doppelfunktion wurde in der Literatur auf pregnante Weise beschrieben: *„Case management has become so popular so fast because it addresses the two issues* *dearest to the hearts of Americans: It promotes freedom, and it saves money"* (Holt 2000, S. xi).

Die Ausgangslage in Großbritannien unterscheidet sich von der der USA, das Care Management wurde hier aber mit einer vergleichbaren Orientierung eingeführt. Die britischen Reformen zielten auf eine Aufgabentrennung zwischen Kostenträgern und Leistungserbringern sowie auf die Förderung des nichtstaatlichen Dienstleistungssektors.

Das zunächst noch als „Case" Management bezeichnete Verfahren wurde Ende der 1970er Jahre über eine Reihe von Modellprojekten im Bereich der Dienstleistungen für ältere Menschen erprobt. Die Gestaltung der Modellprojekte vermittelt einen Eindruck darüber, welche Funktion dem Verfahren von Anbeginn zugeschrieben wurde. Die Zielrichtung lag nicht unmittelbar in einer Kostenreduzierung, sondern in der experimentellen Reorganisation der Dienstleistungen. Die eingesetzten ManagerInnen erhielten ein Budget, mit dem sie flexibel und kreativ umgehen konnten. Dienstleistungen wurden nicht länger als „Betten" und „Plätze", als Bestandteile einer festen „Produktpalette" gedacht, sondern die bisherige Gestaltung des Dienstleistungsgeschehens radikal hinterfragt. Organisiert und finanziert wurde nur noch das, was sich im Assessment mit den KlientInnen als sinnvoll und erforderlich herausstellte (vgl. Lewis / Glennerster, S. 120-122; Payne, S. 58-69).

In der Auswertung der Projekte wurde die Bedeutung der professionellen Sozialarbeit ebenso betont wie ein neuer Mix informeller Leistungen aus der familiären und örtlichen Umgebung, teilweise erbracht gegen Aufwandsentschädigungen oder auch kleinere Entgelte. Im Vergleich mit NutzerInnengruppen im herkömmlichen Unterstützungssystem konnte nachgewiesen werden, dass weniger ältere Menschen in stationäre Unterbringung gerieten, die Mortalitätsrate geringer war, die Zufriedenheit bei NutzerInnen wie Personen im informellen Hilfesystem höher lag und Kosten signifikant reduziert werden konnten (vgl. Payne, S. 59-61). Vor diesem Erfahrungshintergrund sowie angesichts exorbitanter Kostensteigerungen bei stationären Unterbringungen in den 1980er Jahren (vgl. Langan/Clarke 1994, S. 74) wurde schließlich das Care Management im Rahmen der *community care reforms* verbindlich eingeführt (vgl. Hansen 1997, S. 9-16). Die Sozialbehörden (*social services departments*) sind seitdem rechtlich verpflichtet, mit der Methode zu arbeiten. Das Care Management wird als ein Eckpfeiler der *community care reforms* betrachtet (vgl. Department of Health 1989, S. 5). Es dient als Steuerungsinstrument und gewinnt seine strategische Bedeutung mit der Aufgabe, Bedarfslagen, Finanzierungsmöglichkeiten und Dienstleistungsangebote in Einklang zu bringen.

2   Umsetzungsprobleme im deutschen Wohlfahrtsstaat

Vor dem Hintergrund dieser Steuerungsaufgabe werden zentrale Kompetenzen von Case/Care Managern deutlich. Die einzelnen Elemente des Kernprozesses des Verfahrens, also (a) das Assessment, (b) die Leistungsplanung, (c) die Umsetzung dieser Planung, (d) die Kontrolle des Leistungsprozesses sowie (e) die Evaluation, lassen allerdings eine Vielzahl von Problemen und Fragestellungen erkennen, die sich aus den spezifischen wohlfahrtsstaatlichen Verhältnissen Deutschlands ergeben.

a) Assessments

Unabhängig von gesellschaftlichen und wohlfahrtsstaatlichen Rahmenbedingungen ist einleuchtend, dass der Prozess der Bedarfsermittlung eine Kernkompetenz der Sozialen Arbeit darstellt. Assessements sollten höchste Priorität in der sozialarbeiterischen Ausbildung, Forschung und Praxis genießen. An dieser Stelle entscheiden Fachkenntnisse und Geschick, ob es gelingt, für individuelle Bedarfslagen angemessene Unterstützungen zu organisieren. In einer nicht systematisch angelegten Sozialarbeit kommt der hohe Stellenwert des Assessments nicht zur Geltung. Anders im Case/Care Management: Die Formalisierung des Prozessablaufes lässt Unzulänglichkeiten des Assessments spätestens bei der Kontrolle des Leistungsprozesses und der Evaluation erkennbar werden.

Innerhalb der britischen *community care reforms* wurde zugleich mit dem Care Management die zentrale Bedeutung der Assessments hervorgehoben (vgl. Department of Health 1989, S. 5). Die Kommunalbehörden sind gesetzlich verpflichtet, Assessments durchzuführen, oder umgekehrt ausgedrückt: Die BürgerInnen haben ein Recht auf eine professionell durchgeführte Bedarfserhebung, und zwar unabhängig davon, ob das Assessment zu einer öffentlich finanzierten Leistung führt oder nicht (vgl. McDonald 1999, S. 44 f.).

Sozialarbeiterische Assessments haben durch die Gesetzgebung einen außerordentlich hohen Stellenwert erlangt. Die Entwicklung von Professionalität und Handlungskompetenz auf diesem Gebiet wird aber nicht der Profession allein überlassen. Durch das zuständige Gesundheitsministerium wurden Richtlinien, Orientierungen und Rahmensetzungen herausgegeben, die Vorgaben für das Assessmentgeschehen machen. Besonders betont wird der partizipatorische Ansatz der Assessments, die nicht mehr exklusiv professionskontrolliert sind. NutzerInnen sollen nicht länger einfach befragt werden, sondern Unterstützungsleistungen sind über den Austausch von Informationen zu ermitteln (*questioning model* versus *exchange model* – vgl. Smale/Tuson u. a. 1993). Im Kinder- und Jugendhilfebereich existieren mittlerweile umfangreiche Rahmenrichtlinien für die

Durchführung von Assessments. Eigene Herangehensweisen wurden erarbeitet für Assessments mit nichtweißen Familien (*black families*) sowie für die Arbeit mit behinderten Menschen (vgl. Hansen 2003a, S. 399, 405). Die sozialarbeiterische Fachliteratur hat die Assessmentproblematik umfassend aufgegriffen (vgl. Horwath 2001; Milner/O'Byrne 1998; Middleton 1997). Auch in der sozialarbeiterischen Hochschulausbildung wird die Bedeutung des Assessments hervorgehoben. In den auf nationaler Ebene festgelegten curricularen Vorgaben wird der erste Teil des Case/Care Managements mit einer Kernkompetenz angesprochen, die die Überschrift „*Assess and Plan*" trägt (vgl. CCETSW 1996).

Die Konturen des intensiven, untrennbar mit dem Case/Care Management verbundenen Assessmentdiskurses sind ein Indikator dafür, dass das Verfahren in Deutschland erst in Ansätzen angelangt ist. In den Erörterungen zum Case/Care Management wird das Assessment seiner Bedeutung entsprechend kaum hervorgehoben. Eine gewisse Parallelentwicklung ist unter deutschen Verhältnissen in paradigmatischen Ansätzen einer expertengeleiteten „biographischen Diagnostik" und „sozialpädagogischen Diagnose" oder in einer eher partizipatorisch angelegten „Aushandlung" zu sehen, wie sie insbesondere im Zusammenhang des Kinder- und Jugendhilfegesetzes diskutiert und angewandt werden (vgl. Bayerisches Landesjugendamt 2001; Hanses 2000; Merchel 1998, S. 43-59). Der in diesen Ansätzen erkennbar werdende Methodenstreit spiegelt die fragmentierte Situation der deutschen, leihwissenschaftlich geprägten Sozialarbeit wider. Zweifel sind angebracht, ob die Diskurse über diagnostische Verfahren in der Sozialarbeit international anknüpfungsfähig sind. Eine „Diagnostik" in der Sozialarbeit wäre unter britischen Verhältnissen von der Selbsthilfebewegung der Nutzer Sozialer Dienstleistungen als diskriminierend, als Teil des *medical model of disability* abgelehnt worden und dürfte allein aus terminologischen Gründen von der Zentralregierung unterbunden worden sein (vgl. Pierson/Thomas 2002, S. 273 f.; Lindow 2000). Strittig sind der Begriff wie dahinter stehende Selbstverständnisse ebenfalls in der US-amerikanischen Sozialarbeit (vgl. Barker 1999, S. 127). Einigen der unter der Überschrift der „Diagnostik" auftretenden deutschen Ansätzen muss allerdings zugestanden werden, dass sie ein sinnvolles Korrektiv gegenüber prozeduralisierte, maßgeblich durch Fragebögen geleitete Formen des Assessments sein können.

Assessments stellen sozusagen die Achillesferse der Sozialen Arbeit dar. Vor diesem Hintergrund ist ein breiter, die Profession nicht spaltender Diskurs über unterschiedliche Ansätze und Methoden innerhalb der gesamten Bandbreite sozialarbeiterischer Verantwortlichkeit anzustreben. Die Vorstellung, in diesem Zusammenhang „Königswege" für die Soziale Arbeit aufzeigen zu können, bringt den Diskurs nicht voran (Hanses 2000, S. 365).

b) Leistungsplanung

Ein Blick auf die nächste Phase des Case/Care Managements, der Leistungsplanung, offenbart weitere fundamentale Fragen hinsichtlich des Standes und der Zielsetzung einer Einführung des Case/Care Managements in Deutschland. Ein unter Umständen aufwändig durchgeführtes Assessment ist nur dann zu rechtfertigen, wenn anschließend der ermittelte Unterstützungsbedarf auch akquiriert werden kann. Der gesamte Ansatz läuft darauf hinaus, statt eines angebotsgesteuerten ein nachfragegesteuertes Leistungssystem zu entwickeln, das über markt- oder marktähnliche Strukturen funktioniert. Insoweit wird das Verhältnis zwischen Kostenträgern und Dienstleistungserbringern als ein Auftragsverhältnis in einem offen gehaltenen Anbietermarkt zu definieren sein.

Privilegien und bedingte Vorrangstellungen von Wohlfahrtsverbänden passen nicht in dieses Entwicklungsszenario, d. h. die in der deutschen Auslegung des Subsidiaritätsprinzips enthaltenen Kooperationsstrukturen werden fraglich. Das Problem, wie und ob unter diesen Vorzeichen Marktbeziehungen und Korporatismus unter einen Hut zu bringen sind, wird in der Diskussion um das Case/Care Management allenfalls angerissen, aber nicht befriedigend beantwortet (vgl. Initiativ in NRW 2003a, S. 25).

Die Phase der Leistungsplanung beinhaltet immer zwei Aspekte: Einerseits die Verständigung auf sinnvolle, individuell zugeschnittene Unterstützungsleistungen, andererseits die längerfristige, strategisch Planung des örtlichen oder regionalen Bedarfes. Im Case/Care Management stellt sich die Frage, wie die über das Assessment definierten Bedarfe dokumentiert werden und in die längerfristige Sozialplanung einfließen können (vgl. Initiativ in NRW 2003b, S. 69 f.; Merchel 1998, S. 97-104). In einem bedarfsgesteuerten System müssten nicht zuletzt Informationen über gewünschte Dienstleistungen gewonnen werden, die auf dem Markt nicht zu realisieren waren. Case/Care Manager haben hier sowohl auf der Mikro- wie auf der Makroebene Planungsverantwortung zu übernehmen. Die Abkehr von einer angebotsgesteuerten Versorgung beinhaltet zudem, dass taugliche Verfahren entwickelt werden, NutzerInnen über Aushandlungsprozesse in stärkerem Maße in Planungsentscheidungen einzubeziehen.

c) Umsetzung des Hilfeplans

Die Umsetzung der Leistungsplanung schließt ein, sich Klarheit über erforderliche Finanzen, Ressourcen und Leistungen zu verschaffen. Dies kann beinhalten: Verhandlungen mit unterschiedlichen Leistungsanbietern, die Spezifizierung und Bestimmung der Qualität der erforderlichen Leistungen, vertragliche Vereinbarungen wie auch die Gewährleistung der Koordination und Vernetzung der Leistungen.

Die Verantwortung, die Case/Care ManagerInnen für diesen Teilbereich tragen, hängt davon ab, ob und inwieweit dieser über ein eigenes Budget verfügt und ein eigenständiges Kontraktmanagement durchzuführen in der Lage ist. Die Zuweisung solcher Kompetenzen liegt für neoliberal orientierte Wohlfahrtsstaaten mehr oder weniger auf der Hand, für deutsche Verhältnisse werden dagegen erneut grundlegende Fragen aufgeworfen. Potentielle Steuerungsmechanismen werden im deutschen Wohlfahrtsstaat durch korporatistische Arrangements ebenso ausgebremst wie durch Verregelungen des Dienstleistungsspektrums (z. B. im Pflegesektor), bürokratisierte Hilfemuster (vgl. Scheurl 2004) oder auch durch länder- bzw. kommunalspezifische Rahmenverträge, die von Spitzenorganisationen der Kosten- und Dienstleistungsträger ausgehandelt werden.

Ein flexibel und kreativ agierendes, den Eigensinn und die Selbstkompetenz von Nutzern respektierendes Case/Care Management, das auch jenseits bekannter Produktpaletten und etablierter Denkkanäle agiert, kann die Dienstleistungslandschaft verändern und zur Diversifizierung der Angebote beitragen. Entwicklungstendenzen in eine solche Richtung lassen sich in England beobachten, wo mittlerweile ca. 25.000 freigemeinnützige und privatgewerbliche Dienstleistungsorganisationen bei den Sozialbehörden unter Vertrag stehen (vgl. Department of Health 2004, S. 4) und eine Tendenz zur Spezialisierung der Dienstleistungsangebote unverkennbar ist.

d, e) Kontrolle des Leistungsprozesses/Evaluation

Den beiden Elementen „Kontrolle des Leistungsprozesses" (Monitoring) sowie „Evaluation" kommt in neoliberal orientierten Wohlfahrtsstaaten eine besondere Bedeutung zu. Das Beobachten, Kontrollieren und Bewerten bezieht sich im Case/Care Management auf den gesamten Unterstützungsprozess, nicht aber isoliert auf die NutzerInnen, die nicht länger in einem psychotherapeutisch orientierten Arrangement des „Case Work" verortet werden. Überprüfungen geben zunächst einmal Aufschluss über die Qualität des Assessments und der Leistungsplanung selbst, nicht zuletzt aber über die Güte der angekauften Dienstleistungen. Es ist darauf zu achten, dass Leistungen wie vereinbart erbracht werden, und es muss ggf. korrigierend interveniert werden. Die Steuerungsfunktion des Case/Care Managements zielt darauf, untaugliche, nicht wettbewerbsfähige Leistungen zu identifizieren und in letzter Konsequenz dahin zu wirken, dass solche Leistungen aus dem Markt bzw. aus marktähnlichen Verhältnissen (quasi markets) verschwinden.

Die Prüfung freigemeinnütziger, verbandlich organisierter Leistungserbringer ist unter deutschen Verhältnissen allerdings ein eigenes und historisch betrachtet konfliktträchtiges Thema (vgl. Bauer/Hansen 1998). Kontrollierend werden zunächst einmal die Heimaufsicht und der Medizinische Dienst der Krankenkassen tätig, die ordnungspolitisch abprüfen, ob Leistungsanbieter die in Gesetzen, Verordnungen und Vereinbarungen festgelegten Kriterien einhalten. Diese Kontrollen beziehen sich jedoch nicht auf die Qualität der Leistung an sich, sondern auf die Qualität der Rahmenbedingungen, des Leistungsumfeldes, auf das, was im technischen Sinne messbar ist (z. B. Raumgrößen, Existenz eines Heimbeirates oder Qualitätsmanagements). Diese Grundorientierung des Qualitätsdenkens kann in Extremfällen dahin führen, dass NutzerInnen mit einem Leistungsanbieter hoch zufrieden sind, während die Aufsichtsinstanzen Mängel feststellen, oder umgekehrt, NutzerInnen die Leistungen eines Anbieters als wenig zufrieden stellend empfinden, während bei Inspektionen kein Anlass zur Kritik gesehen wird.

Prüfungen können zudem in Prüfvereinbarungen (z. B. nach BSHG § 93) geregelt werden, erfolgen in der Regel aber nur dann, wenn „begründete Anhaltspunkte" vorliegen (Bundesempfehlung 1999, § 28). Das Verhältnis zwischen Kostenträgern und Dienstleistungserbringern ist traditionell geprägt durch Prinzipien der Moral und des Vertrauens. Die Wohlfahrtsverbände nehmen bestimmte Wertehaltungen ein, und ihnen wird unterstellt, qualitätssichernd auf ihre Mitgliedsorganisationen einzuwirken (vgl. Bauer/Hansen 1998). Welche Steuerungswirkung vor diesem Hintergrund den beiden letzten Prozesselementen des Case/Care Managements beigemessen werden kann, ist nicht klar ersichtlich. Der Freien Wohlfahrtspflege wird „Selbständigkeit in Zielsetzung und Durchführung ihrer Aufgaben" (BSHG § 10 Abs. 2) zugebilligt, und ob eine Steuerungsfunktion des Case/Care Managers mit der vom Bundesverfassungsgericht betonten „partnerschaftlichen Zusammenarbeit" zwischen Öffentlichen und Freien Trägern (Schmitz-Elsen/Sans 2002) in Einklang zu bringen ist, ist ungeklärt. Historisch betrachtet sind Prüfungen als eine Art Fremdkörper innerhalb der deutschen Auslegung des Subsidiaritätsprinzips anzusehen, als eine grundsätzlich unzulässige staatliche Einmischung, die allenfalls in definierten Ausnahmen auf das unumgängliche Maß zu begrenzen ist. Dieses Selbstverständnis wird bis heute betont[2] und damit eine grundsätzliche Diskussion über die Rolle und Verantwortung des

---

2 Vgl. z. B. die wiederholte Anmerkung im Zusammenhang der Einführung des Pflege-Qualitätssicherungsgesetzes, Qualität könne „nicht von außen in die Pflegeeinrichtungen ‚hineingeprüft' werden." Sie müsse „von innen heraus – aus der Eigenverantwortung der Einrichtungsträger und aus der Mitverantwortung der Leistungsträger – entwickelt werden" (Schmidt 2001).

Staates für den sozialstaatlichen Zweig der personenbezogenen Sozialen Dienstleistungen verhindert.

Erschwerend kommt hinzu, dass es keine nationalen Standards für die Erbringung personenbezogener Sozialer Dienstleistungen in Deutschland gibt, die für alle Professionellen im Leistungssektor von allgemein bindender Wirkung sind. Über solche Standards werden z. B. unter britischen Verhältnissen Kriterien aufgestellt, die gewährleisten sollen, dass die Würde und die Privatsphäre von Nutzern gewahrt wird, eine Gleichbehandlung sichergestellt ist, Wahlmöglichkeiten im Dienstleistungsbezug vorhanden und Partizipationsmöglichkeiten gegeben sind (vgl. Hansen 2003b, S. 98-100). Das Aufstellen und Überprüfen solcher Standards ist eine originär sozialpolitische Verantwortung, die nicht ohne Weiteres bestimmten Interessensgruppen übertragen werden kann. Hier ist die Steuerungsverantwortung von Bund, Ländern und Kommunen angesprochen, die sich am Qualitätsdiskurs beteiligen müssten, anstatt ihn im Wesentlichen zu delegieren.

Fehlt eine solche nationale Rahmung personenbezogener Sozialer Dienstleistungen, so ist das Konfliktpotential zwischen Case/Care Managern und Dienstleistungsträgern als sehr hoch einzuschätzen. Zweifelhaft jedenfalls dürfte sein, ob deutsche Case/Care ManagerInnen unter diesen Voraussetzungen in der Lage sind, die Interessen der NutzerInnen, eigene fachliche Standards und die Angebote der Leistungsträger auf einen Nenner zu bringen.

Bei den Evaluationen schließlich, die im Case/Care Management natürlich als Fremdevaluationen zu begreifen sind, werden zwangsläufig Informationen und Daten über Dienstleistungserbringer zusammengetragen. Was geschieht aber, so ist zu fragen, wenn durch Case/Care ManagerInnen festgestellt wird, dass Anbieter mit einem unzureichenden Qualitätsmanagement arbeiten, ihre eigenen Standards und Konzeptionen nicht einhalten, sich der Fort- und Weiterbildung des Personals verschließen, keine tauglichen Feedbacksysteme haben, sich in u. a. Partizipationsfragen verschlossen halten oder den NutzerInnen keine Wahlmöglichkeiten lassen? Die Steuerungslogik des Case/Care Managements jedenfalls legt es nahe, an dieser Stelle auf Dienstleistungserbringer einzuwirken und im äußersten Falle Verträge zu kündigen bzw. nicht zu verlängern und Anbieter zu wechseln. In diesem Zusammenhang wird auch die Frage zu beantworten sein, inwieweit NutzerInnen als Ko- oder gar HauptproduzentInnen der Leistung ernst genommen und welcher Grad des Einflusses ihnen über welche Verfahren bei der Beurteilung der Qualität der Leistungen eingeräumt wird. Damit aber wären tradierte Kooperationsformen im deutschen „Verbändestaat" obsolet, das korporatistisch geprägte, verwobene Netzwerk wohlfahrtspolitischer und verbandlicher Interessen auf Bundes-, Landes- und Kommunalebenen also hinfällig. Die auf das deutsche Subsidiaritätsprinzip bezogene Terminologie, getragen von der Vorstellung einer stets einvernehmlichen Grundhaltung Öffentlicher und Freier Träger zum Wohle der HilfeempfängerInnen, kann das durch den Diskurs über das Case/Care Managements offen zu Tage tretende Steuerungsdilemma nicht auf Dauer überdecken.

3 Unbeantwortete Fragen

Die einzelnen Funktionselemente des Case/Care Managements machen bereits deutlich, wie sperrig sich das Instrument im deutschen Wohlfahrtsstaat verhält. Dieser Eindruck wird verstärkt, wenn weitere Fragen von grundsätzlicher Bedeutung aufgeworfen werden, die in der deutschen Diskussion ebenfalls zu kurz kommen.

Im deutschen Diskurs wird der Eindruck erweckt, das Case/Care Management sei in jedem organisatorischen Zusammenhang als Gewinn anzusehen, weil es zu effizienteren und effektiveren Leistungen führe und als Grundlage zu begreifen sei für eine bessere Transparenz, Kundenorientierung und Kooperation zwischen unterschiedlichen Professionen. Empfohlen wird die Methode daher für alle humandienstlichen Bereiche, für Öffentliche wie Freie Träger, das Gesundheitswesen, den Pflegebereich und die Arbeitsverwaltung (vgl. Wendt 2002, S. 22-34). Bereits diese Vorstellung birgt einen Widerspruch. Wer einen holistischen, systemischen, hermeneutischen Ansatz vertritt, kann nicht damit einverstanden sein, das Case/Care Management über unterschiedlichste Einsatzbereiche und über vielfältige Auslegungen bis in die letzten Verästelungen der Sozialen Arbeit und des Gesundheitswesens zu balkanisieren.

Bei komplexen Problemlagen wird sehr schnell eine Situation entstehen, bei der NutzerInnen in verschiedene Case/Care Management-Verfahren eingebunden sind. Es liegt auf der Hand, dass es zur Verdoppelung von Arbeiten, zu sich widersprechenden Zielsetzungen unterschiedlicher Hilfe- und Dienstleistungsideologien und damit zu unübersichtlichen Leistungsarrangements kommt. Allein die mit z. T. aufwändigen Verfahren durchgeführten Bedarfsermittlungen lassen erahnen, wie leicht aus dem Blickwinkel der Nutzer die gesamte Methode durch die Häufung von Assessments diskreditiert werden kann.

Als Steuerungsinstrument kann das Case/Care Management vor allem dann seinen Zweck erfüllen, wenn es an zentralen Schnittstellen der Finanzierung und Leistungsvermittlung eingesetzt wird. Unter deutschen Verhältnissen setzt dies voraus, dass trägerübergreifend Ressourcen gebündelt werden und somit dem Case/Care Manager der ganzheitliche Blick nicht verstellt wird. Denkbar sind in

diesem Zusammenhang etwa die Arbeitsverwaltung, die gemeinsamen Service-
stellen nach SGB IX oder auch bereits bestehende oder zu schaffende organi-
sations- und ämterübergreifende Einrichtungen, in denen Aufgabenbereiche der
Jugendhilfe, Bildung, Gesundheit wie auch unterschiedliche Leistungsangebote
für Erwachsene und alte Menschen professionsübergreifend neu gestaltet werden
können.

Die Vervielfältigung eines vergleichsweise aufwändigen, personalintensi-
ven Unterstützungsverfahrens kann nicht als effizient angesehen werden. Hinzu
kommt noch ein anderer Aspekt, der im Hinblick auf die Kostenfrage bedeutsam
ist. Zu klären ist, ob das Case/Care Management zum generellen Prinzip der Leistungserbringung erhoben wird, oder ob es partiell anzuwenden ist. Bei hochkom-
plexen Problemlagen werden durch den Einsatz der Methode unter bestimmten
Voraussetzungen Unterstützungen rationaler gestaltet werden können. Wird das
Verfahren allerdings zur zentralen Handlungslogik der Sozialen Arbeit, ergibt sich
ein anderes Bild. Viele Leistungen sind relativ einfach zu gestalten und zu organisieren und bedürfen nicht der Begleitung durch ein Case/Care Management.
NutzerInnen sind sich oftmals im Klaren über ihren Bedarf, so dass es keinen Sinn
macht, sie in einen arbeitsintensiven, formalisierten Prozessverlauf zu integrieren
(vgl. Lewis/Glennerster 1996, S. 123). Der universelle Einsatz des Verfahrens
wäre letztlich nur eine neue, kostspielige Form der fürsorglichen Entmündigung.

Zu hinterfragen ist ferner, in welchem Umfang sich ein in der Literatur viel
genannter Vorteil des Case/Care Managements entfalten kann, nämlich die bessere Verzahnung der Dienstleistungen unterschiedlicher Professionen. Vorausge-
setzt wird die Herstellung einer „interdisziplinär kooperative(n) Grundeinstel-
lung" der helfenden Berufe (Remmel-Faßbender, S. 75), bei der den Case/Care
Managern eine besondere Rolle zukommt (vgl. Wendt 1999, S. 20).

Über welche Wege aber können sich Case/Care ManagerInnen die Autori-
tät aneignen, die jeweils eigenen professionsspezifischen Selbstverständnisse vor
allem des Sozial- und Gesundheitswesens in harmonischen Einklang zu bringen?
Auf der einen Seite haben wir es mit mehr oder weniger ausgeprägten schulme-
dizinischen Sichtweisen zu tun, die den KlientInnen eine eher passive Rolle im
Hilfegeschehen zuweisen, auf der anderen mit an Aushandlungsprozessen und
Kooperation orientierten Grundsätzen der Sozialarbeit. In komplexen Unterstüt-
zungsszenarien haben SozialarbeiterInnen nicht die Definitions- und Entschei-
dungshoheit oder auch nur maßgeblichen Einfluss, und dies wird sich auch durch
ein Kürzel „CM" nicht verändern.

Auf der Grundlage der bisherigen Erörterungen zum Case/Care Management soll nachfolgend eine Schlussfolgerung unter drei Überschriften gezogen
werden.

4 Anwendung des Case/Care Managements unter deutschen Verhältnissen

Wie gesehen, wirft die Anwendung des Case/Care Managements in Deutschland mehr Fragen auf, als die BefürworterInnen der Methode es wahrhaben wollen. Das grundsätzliche Problem liegt in der Vorstellung, das Verfahren könne aus dem gesellschaftlichen Kontext seiner Entstehung herausgebrochen werden, um es dann als systemneutrale Methode zu diskutieren und anzuwenden. Zum gegenwärtigen Zeitpunkt sind drei Szenarien denkbar. Nahe liegend ist erstens der Versuch einer Anpassung der Methode an das deutsche wohlfahrtsstaatliche System. Damit würde allerdings das Case/Care Management seines Stachels beraubt, da es mit deutlich eingeschränkter Steuerungsfunktion weder kostensenkend noch qualitätssteigernd wirken dürfte.

Das zweite Zukunftsszenario liegt in einer ökonomistischen Auslegung des Case/Care Managements, die zwar die Steuerungsmöglichkeiten der Methode nutzt, dabei jedoch sozialarbeiterischen Grundprinzipien wenig Raum lässt. Im Vordergrund dieser in der Literatur als *system driven* bezeichneten Orientierung stehen Kosten-Nutzen Abwägungen, die das Machtgefälle zwischen Kostenträgern, Dienstleistungserbringern und Leistungsempfängern im tripartistischen Unterstützungssystem unberührt lassen (vgl. Klug 2002, S. 45 f.). Die Handlungsebene der praktischen Dienstleistungserbringung wäre dabei auch weiterhin lediglich unterschiedlichen Determinanten ausgesetzt, „vermag selbst aber keinen Einfluss auszuüben" (Bauer 2001, S. 83).

In einer dritten Entwicklungsmöglichkeit würden wie beim zweiten Szenario die Rahmenbedingungen der Anwendung des Case/Care Managements geändert. Diese Abkehr vom Subsidiaritätsprinzip wäre aber verbunden mit einer Hinwendung zu einem an den faktischen Bedarfslagen der NutzerInnen ausgerichteten, nachfrageorientierten Wettbewerb im Bereich der personenbezogenen Sozialen Dienstleistungen. In dieser als consumer driven bezeichneten Variante wäre die Stellung von Dienstleistungsnutzern fundamental neu zu bestimmen. Als Ko- bzw. HauptproduzentInnen würden diese selbst maßgeblichen Einfluss nehmen auf „Zweck, Richtung und Inhalt der Dienstleistung" (Klug 2002, S. 46). Eine solche Auslegung ist geeignet, das Verfahren für NutzerInnen und die Soziale Arbeit gleichermaßen interessant zu machen und beinhaltet mit hoher Wahrscheinlichkeit eine wirtschaftlichere Erbringung der Leistungen, ohne das Ziel der Kostensenkung als zentrales Handlungsmotiv in den Mittelpunkt zu rücken. Gravierende Änderungen ergäben sich für Einrichtungsträger, die ihre Soziale „Hilfe" nicht länger an eigenen Moralvorstellungen, sondern an zu definierenden Kriterien einer guten Dienstleistungserbringung messen lassen müssen.

Alle drei Szenarien lassen erkennen, dass das Case/Care Management und korporatistische Arrangements sich weitgehend gegenseitig ausschließen. Sie gehören zu unterschiedlichen Paradigmen wohlfahrtsstaatlicher Orientierungen.

5   Soziale Arbeit und Neoliberalismus

Die Soziale Arbeit insgesamt hat ein Glaubwürdigkeitsproblem, wenn sie einerseits neoliberale Tendenzen in der Sozialpolitik kategorisch als Beiträge zur Demontage des Sozialstaates wertet, sich andererseits aber neoliberaler Instrumentarien wie des Care/Case Managements bedient und diese in ihre Professionalisierungsstrategien einbaut. Erforderlich ist ein differenzierteres, sich nicht an Schlagworten und ideologischen Vorannahmen orientierendes Verhältnis zu wohlfahrtsstaatlichen Reformentwicklungen, die insbesondere im Bereich der personenbezogenen Sozialen Dienstleistungen keine monokausalen Rückschlüsse zulassen, wenn das Vorzeichen „neoliberal" erscheint (vgl. Hansen 2003a, S. 400).

Der Neoliberalismus ist keine in sich geschlossene Ideologie, unter seiner Überschrift können sich die unterschiedlichsten Verhältnisse von Markt und Staat verbergen. Als Gegner ist er zu diffus (vgl. Lemke u. a. 2000, S. 14-19), um annehmen zu können, dass nur alles jenseits seiner Grenzen gut für die Profession sein kann. Vergessen wird in der Regel, dass die in neoliberalen Ansätzen der Sozialpolitik sich ausdrückende Kritik am Wohlfahrtsstaat u. a. auf kritische Grundströmungen reagiert, die sich z. T. auf die 60er Jahre des 20. Jahrhunderts zurückführen lassen. Drei solcher Strömungen lassen sich identifizieren:

Dem Wohlfahrtsstaat wurde angelastet, soziale Kontrolle auszuüben, paternalistisch zu agieren, zur Bürokratisierung zu tendieren, hierarchische Strukturen entstehen zu lassen, eher unterdrückende als befreiende Wirkungen zu entfalten und nicht adäquat auf die unterschiedlichen Bedürfnisse von Individuen und Gemeinschaften zu reagieren. Eine zweite Kritiklinie befasste sich mit den helfenden Professionen im Wohlfahrtsstaat. Diesen wurde vorgeworfen, mit ihrer Arbeit auszugrenzen, zu stigmatisieren und alternative und lokale Formen des Wissens und der Selbsthilfe zu missachten. Forderungen zielten auf die Kontrolle über den eigenen Körper, auf Autonomie, soziale Rechte, auf die Selbstbestimmung von KlientInnen und PatientInnen in der Beziehung zu Professionellen. Drittens lässt sich eine kritische Strömung als Gegenkultur beschreiben, die sich gegen wohlfahrtsstaatliche Expertokratien richtet und die tradierte Antworten, Problemlösungsmuster und Produktpaletten in Frage stellt. Sie befasst sich mit alternativen Heilpraktiken, Religionen, Kulten, Yoga, Meditationen und kann als eine kulturelle Bewegung begriffen werden, die bis in einzelne Managementphilosophien hineinragt (vgl. Dean 1997, S. 214 f.). Die neoliberale Kritik am Wohlfahrtsstaat wie auch die eben skizzierten Denkrichtungen und Bewegungen haben einen gemeinsamen Schnittpunkt: Die Vorstellung von selbstbestimmt lebenden, eigenverantwortlich handelnden BürgerInnen, die ihre eigenen Entscheidungen treffen, um die von ihnen angestrebte Lebensqualität zu verwirklichen. BürgerInnen, die staatliche Gängelung und paternalistische Wegweisung als nicht mehr zeitgemäß ablehnen. Diskussionen in der Sozialen Arbeit, die unter den Überschriften Empowerment, Partizipation, Selbstbestimmung, Deinstitutionalisierung oder Normalisierung stattfinden, lassen sich in diese Zusammenhänge einreihen.

Selbstverständlich gibt es bei den hier genannten Grundströmungen unterschiedliche Zielvorstellungen und Konzepte von Freiheit, Individualität, staatlicher Verantwortung, und dem, was als Freiheit der Wahl zwischen verschiedenen Optionen und Produkten begriffen werden kann (vgl. Dean 1997, S. 215-217). Eine eindeutige politische Abgrenzung zwischen marktliberalen Positionen und bürgerrechtlichen Orientierungen scheint international betrachtet allerdings kaum noch möglich zu sein, auch wenn dies in der englischsprachigen Literatur unter Gegensatzbegriffen wie „Consumerism or Citizenship" (Butcher 2002, S. 175) oder „Consumerism or Democracy" (Robson u. a. 1997) immer wieder versucht wird[3].

6   Das Case / Care Management als Professionalisierungsgewinn für die Soziale Arbeit

Ob sich das Case / Care Management in der Praxis als Professionalisierungsgewinn realisieren lässt, muss sich erst noch zeigen. Zweifellos besteht die Gefahr, die Methode bis zur Unkenntlichkeit auf deutsche Wohlfahrtsrealitäten klein zu arbeiten. Die Soziale Arbeit mag sich vor diesem Hintergrund in der Situation eines wahlmüden Bürgers wähnen, der die Unterschiede zwischen den Parteien nicht mehr zu erkennen in der Lage ist und nur noch mit Ablehnung reagiert. Der Verzicht auf das Wahlrecht ist allerdings eine schlechte Lösung, und die Soziale Arbeit ist – bezogen auf diese Analogie – gut beraten, das Case / Care Management mit kritisch-reflexivem Blick in das eigene Methodenrepertoire zu über-

---

3   Die geradezu bruchlose Anknüpfung New Labours an die wohlfahrtspolitischen Grundorientierungen der konservativen britischen Vorgängerregierungen kann als ein Beleg für diese Zielvermischungen betrachtet werden (vgl. Deacon 2002, S. 102-118).

nehmen. Und schließlich gilt: Wer mit der Methode nicht vertraut ist, wird deren Missbrauch nicht erkennen können.

Das Verfahren ist mittlerweile mit diffusen Hoffnungen so überfrachtet, dass es in zunehmendem Maße eingesetzt werden wird, in welcher Form auch immer. Zu Recht ist darauf hingewiesen worden, dass die Soziale Arbeit keine Wahl haben wird, das Case/Care Management anzunehmen oder abzulehnen. Gewarnt wird vor einer „fundamentalen Fehleinschätzung", die dazu führen könne, dass das Verfahren der Sozialen Arbeit letztlich auf fachfremde Weise verordnet wird (Klug 2002, S. 56). Die Sozialarbeit würde zwangsläufig eine Stufe in der Professionshierarchie abrutschen, wenn sie sich einer Methode verweigert, über die Definitions- und Entscheidungskompetenzen neu gebündelt werden.

Dies kann aber nicht bedeuten, das Case/Care Management fatalistisch bis widerwillig als unwillkommene „Disziplinierung der Professionellen" (Klug 2002, S. 56) anzunehmen. Das Verfahren bietet zumindest theoretisch einen zu breiten Gestaltungsspielraum, als dass es vorrangig als Bedrohung wahrgenommen werden muss. Ein Vorteil ist zunächst darin zu sehen, dass sozialarbeiterische Handlungsabläufe transparenter werden, sowohl für SozialarbeiterInnen selbst, wie vor allem für die NutzerInnen der Dienstleistungen. Entlang der Prozessschritte des Case/Care Managements lassen sich zentral bedeutsame Qualifikationen besser identifizieren und nach außen als professionelle Kompetenzen vermitteln. Die Sozialarbeit wird künftig ohnehin vermehrt auf Fragen danach reagieren müssen, wie gut ihre Methoden der Bedarfserhebung sind, wie Standards der Leistungserbringung gestaltet werden, welche Qualitätskriterien in Anwendung zu bringen sind und wie NutzerInnen als Ko- oder HauptproduzentInnen in die Prozesse der Planung, Durchführung, Kontrolle und Bewertung der Dienstleistungen eingebunden werden können.

Die Startbedingungen für ein fachlich akzeptables Case/Care Management sind in Deutschland alles andere als optimal. In Bezug auf den Sektor der personenbezogenen Sozialen Dienstleistungen ist eine klare sozialpolitische Linie generell nicht erkennbar, und ob mit dem Case/Care Management neue Steuerungsprinzipien eingeführt werden sollen, bleibt ebenfalls unklar. Innerhalb solcher Rahmenbedingungen ist weder eine volle Entfaltung des Verfahrens möglich, noch werden problematische Entwicklungspfade verbaut.

Unter US-amerikanischen Verhältnissen erhalten Case Manager Orientierungen über ethische Standards wie auch über fachliche „*Standards for Social Work Case Management*", die von der „*National Association of Social Workers*" (NASW) herausgegeben wurden (vgl. NASW Standards 1992), einer Berufsorganisation, in der immerhin rund 50 Prozent der SozialarbeiterInnen der Vereinigten Staaten organisiert sind (vgl. Cherrey 1999, S. 161; Klug 2002, S. 57).

In Großbritannien ist die Einführung des Care Managements begleitet worden durch von der Regierung herausgegebene Richtlinien (vgl. Payne 1995, S. 70-78), Orientierungen ergeben sich zudem aus den bereits erwähnten nationalen Dienstleistungsstandards wie auch insbesondere aus den 2002 in Kraft getretenen *codes of conduct*, die Verantwortungen und professionelle Verhaltensregeln für SozialarbeiterInnen wie auch für Soziale Dienste definieren und eine Grundlage bilden für die Registrierung von Einrichtungen und Zulassungen zum Beruf (vgl. Codes 2002).

Verglichen mit diesen Rahmungen sind Zweifel an Qualität, Einfluss und Reichweite von in Deutschland auf das Case / Care Management bezogenen Empfehlungen, Standards, Richtlinien und berufsethischen Prinzipien angebracht[4]. Zugleich ist eine große Gefahr darin zu sehen, dass bei knapper werdenden Ressourcen das Case / Care Management zunehmend in „den Sog der Kostensenkungsdebatte gerät" (Wright 2000, S. 158). Die in Großbritannien in vielerlei Hinsicht auf vorbildliche Weise eingeführte Methode (vgl. Wendt 2004, S. 44) stößt auf ein geteiltes Echo, weil die Arbeit von Care ManagerInnen vielfach damit verbunden wird, Rationierungsentscheidungen der Kommunen zu exekutieren. KritikerInnen sehen im Verfahren eine Relativierung der Bedeutung der psychosozialen Interaktion zwischen SozialarbeiterInnen und NutzerInnen (vgl. Postle 2002). Wenngleich Untersuchungen ergeben haben, dass Care ManagerInnen nicht, wie oftmals unterstellt, vorrangig mit administrativen Arbeiten beschäftigt sind, sondern sich zu über 60 Prozent ihrer Arbeitszeit direkt oder indirekt mit nutzerbezogenen Tätigkeiten befassen (vgl. Weinberg u. a. 2003), bleibt offen, ob in diesen Interaktionen noch Vertrauensverhältnisse aufgebaut werden können. Gelingt dies nicht, dann fällt das Hauptmotiv für diejenigen weg, die sich für eine sozialarbeiterische Ausbildung interessieren. Eine Folge des Vordringens von einseitig ökonomisch orientierten Managementideologien in die Sozialarbeit ist, dass im Jahr 2002 in England elf Prozent der Stellen für SozialarbeiterInnen nicht besetzt werden konnten, weil es an qualifizierten Kräften mangelt (Department of Health 2004, S. 50).

Die Bilanz fällt zwar sehr gemischt aus, aber ein Zurück zu einer Situation, in der SozialarbeiterInnen ethisch-moralisch sensibilisiert in einen Beruf entlas-

---

4 Von der Fachgruppe Case Management der Deutschen Gesellschaft für Sozialarbeit (DGS), dem Deutschen Berufsverband für Soziale Arbeit (DBSH) und dem Deutschen Berufsverband für Pflegeberufe (DBfK) wurden „Standards und Richtlinien für die Weiterbildung: Case Management im Sozial- und Gesundheitswesen" vorgelegt, die sich auf Ethik-Kodizes des DBSH und des DBfK beziehen (vgl. http://www.case-manager.de/cm-richtlinien.htm). Ferner hat der Vorstand des Deutschen Vereins für öffentliche und private Fürsorge am 10.3.2004 „Empfehlungen zu Qualitätsstandards für das Fallmanagement" verabschiedet (vgl. Empfehlungen 2004).

sen werden, in dem ihre Qualifikation vorrangig an einer wenig gerahmten situativen Handlungskompetenz zu messen ist – ein solches Zurück wird es nicht geben. Formalisierungen wie das Case / Care Management können daher nur gestaltend angenommen werden. Sie erduldend hinzunehmen, ist ein Akt der Selbstaufgabe.

Literatur

Barker, R. L. (1999): The Social Work Dictionary. Washington DC.
Bauer, R./Hansen, E. (1998): Quality Assurance of Voluntary Welfare Associations. A Question of Morals, Law, Contract or Participation? In: Flösser, G./Otto, H.-U. (Hrsg.) (1998): Towards More Democracy in Social Services: Models and Culture of Welfare. Berlin u. New York, S. 395-407.
Bauer, R. (2001): Personenbezogene Soziale Dienstleistungen. Begriff, Qualität und Zukunft. Wiesbaden.
Bayerisches Landesjugendamt (2001): Sozialpädagogische Diagnose. Arbeitshilfen zur Feststellung des erzieherischen Bedarfs. München.
Bundesministerium für Familie, Senioren, Frauen und Jugend – BMFSFJ (Hrsg.) (22003): Lotsendienst im Hilfenetz. Case Management – eine neue Form der sozialen Dienstleistung für Pflegebedürftige. Berlin.
Bundesempfehlung (1999): Bundesempfehlung gemäß § 93 d Abs. 3 BSHG für Landesrahmenverträge nach § 93 d Abs. 2 BSHG vom 15. Februar 1999.
Butcher, T. (²2002): Delivering Welfare. Buckingham u. Philadelphia.
CCETSW (21996): Assuring Quality in the Diploma in Social Work - 1. Rules and Requirements for the DipSW. Published by the Central Council for Education and Training in Social Work. London.
Challis, D. u. a. (1995): Care Management and Health Care of Older People. The Darlington Community Care Project. Aldershot.
Cherrey, R. L. (1999): Codes of Ethics and the National Association of Social Workers. In: Pantucek, P./Vyslouzil, M. (1999): Die moralische Profession. Menschenrechte und Ethik in der Sozialarbeit. St. Pölten, S. 157-177.
Codes (2002): Codes of Practice for Social Service Workers and Employers. General Social Care Council. London.
Deacon, A. (2002): Perspectives on Welfare. Buckingham.
Dean, M. (1997): Sociology after Society. In: Owen, D. (Hrsg.) (1997): Sociology after Postmodernism. London, S. 205-228.
Department of Health (1989): Caring for People: Community Care in the Next Decade and Beyond. London.
Department of Health (2004): All Our Lives. Social Care in England 2002-2003. London.
Döhner, H. u. a. (2002): Case Management für ältere Hausarztpatientinnen und -patienten und ihre Angehörigen: Projekt Ambulantes Gerontologisches Team – PAGT. Schriftenreihe des Bundesministeriums für Familie, Senioren, Frauen und Jugend, Bd. 206. Stuttgart.
Empfehlungen (2004): Empfehlungen des Deutschen Vereins zu Qualitätsstandards für das Fallmanagement. In: Nachrichtendienst des Deutschen Vereins für öffentliche und private Fürsorge, 84. Jg., Heft 5/2004, S. 149-153.
Ewers, M. (2000): Das anglo-amerikanische Case Management: Konzeptionelle und methodische Grundlagen. In: Ewers, M./Schaeffer, D. (Hrsg.) (2000): Case Management in Theorie und Praxis. Bern u.a., S. 53-90.

Ewers, M./Schaeffer, D. (Hrsg.) (2000): Case Management in Theorie und Praxis. Bern u. a.

Hansen, E. (1997): Qualitätsaspekte Sozialer Dienstleistungen zwischen Professionalisierung und Konsumentenorientierung. Qualitätsdiskurse in Großbritannien und Deutschland. In: Zeitschrift für Sozialreform, 43. Jg., Heft 1/1997, S. 1-28.

Hansen, E. (2003a): Mythos und Realität sozialstaatlicher Aktivierungsideologien. Entwicklungstendenzen personenbezogener Sozialer Dienstleistungen in England und Deutschland. In: Dahme, H.-J. u. a. (Hrsg.) (2003): Soziale Arbeit für den aktivierenden Staat, S. 393-418.

Hansen, E. (2003b): Referenzpunkte und Steuerungsinstrumente bei der Verbesserung der Qualität personenbezogener Sozialer Dienstleistungen. Britische Reformen und deutscher Entwicklungsbedarf. In: Institut für Sozialarbeit und Sozialpädagogik e. V. – Beobachtungsstelle für die Entwicklung der Sozialen Dienste in Europa (Hrsg.) (2003): Dokumentation der Tagung „Indikatoren und Qualität Sozialer Dienste im europäischen Kontext" vom 16.-17. Oktober 2002 in Berlin. Frankfurt a. M., S. 98-107.

Hanses, A. (2000): Biographische Diagnostik in der Sozialen Arbeit. In: Neue Praxis, 30. Jg., Heft 4/2000, S. 357-379.

Holt, B. J. (2000): The Practice of Generalist Case Management. Boston.

Horwath, J. (Hrsg.) (2001): The Child's World. Assessing Children in Need. London u. Philadelphia.

Initiativ in NRW (2003a): JobCenter. Organisation und Methodik. Hrsg. v. Ministerium für Wirtschaft und Arbeit des Landes Nordrhein-Westfalen. Düsseldorf.

Initiativ in NRW (2003b): Case Management. Theorie und Praxis. Hrsg. v. Ministerium für Wirtschaft und Arbeit des Landes Nordrhein-Westfalen. Düsseldorf.

Klug, W. (2002): Case Management im US-amerikanischen Kontext: Anmerkungen zur Bilanz und Folgerungen für die deutsche Sozialarbeit. In: Löcherbach u. a. (Hrsg.) (2002): Case Management. Fall- und Systemsteuerung in Theorie und Praxis. Neuwied, S. 37-62.

Lachwitz, K. (2003): Novellierung der sozialen Pflegeversicherung. In: Rechtsdienst der Lebenshilfe, 19. Jg., Heft 4/2003, S. 153-158.

Langan, M./Clarke, J. (1994): Managing in the Mixed Economy of Care. In: Clarke, J. u. a. (Hrsg.) (1994): Managing Social Policy. London.

Lemke u. a. (2000): Governementalität, Neoliberalismus und Selbsttechnologien. Eine Einleitung. In: Bröckling u. a. (Hrsg.) (2000): Gouvernementalität der Gegenwart. Studien zur Ökonomisierung des Sozialen. Frankfurt a. M., S. 7-40.

Lewis, J./Glennerster, H. (1996): Implementing the New Community Care. Buckingham u. Philadelphia.

Lindow, V. (2000): The Social Model of Disability. In: Davis, M. (Hrsg.) (2000): The Blackwell Encyclopaedia of Social Work. Oxford, S. 322.

Löcherbach u. a. (Hrsg.) (2002): Case Management. Fall- und Systemsteuerung in Theorie und Praxis. Neuwied.

McDonald, A. (1999): Understandig Community Care. A Guide for Social Workers. Basingstoke u. London.

Merchel, J. (1998): Hilfeplanung bei den Hilfen zur Erziehung. § 36 SGB VIII. Stuttgart u. a.

Middleton, L. (1997): The Art of Assessment. Birmingham.

Miller, G. (1983): Case management: the essential service. In: Sanborn, C. (Hrsg.) (1983): Case management in Mental Health Services. New York.

Milner, J./O'Byrne, P. (1998): Assessment in Social Work. Basingstoke u. London.

NASW Standards (1992): NASW Standards for Social Work Case Management. Prepared by the Case Management Standards Work Group. Approved by the NASW Board of Directors, June 1992. Quelle: http://www.socialworkers.org/practice/standards/sw_case_mgmt.asp.

Neuffer, M. (2002): Case Management. Soziale Arbeit mit Einzelnen und Familien. Weinheim u. München.

Orme, J./Glastonbury, B. (1993): Care Management. Basingstoke.

Payne, M. (1995): Social Work and Community Care. Basingstoke u. London.

Pierson, J./Thomas, M. (²2002): Dictionary Social Work. Glasgow.

Postle, K. (2002): Working "Between the Idea and the Reality": Ambiguities and Tensions in Care Managers' Work. In: British Journal of Social Work, 32 Jg., Heft 3/2002, S. 335-351.

Remmel-Faßbender, R. (2002): Case Management – eine Methode der Sozialen Arbeit. Erfahrung und Perspektiven. In: Löcherbach u. a. (2002), S. 63-80.

Robson, P. u. a. (1997): Consumerism or Democracy? User Involvement in the Control of Voluntary Organisations. Bristol.

Scheuerl, A. (2004): Das Leben als Lehrer. Case Management und starre Jugendhilfestrukturen. In: Blätter der Wohlfahrtspflege, Heft 2, S. 62-64.

Schmidt, U. (2001): Pflege-Qualitätssicherungsgesetz. Rede von Bundesgesundheitsministerin Ulla Schmidt anlässlich der ersten Lesung des Pfleg-Qualitätssicherungsgesetzes im Deutschen Bundestag am 15. März 2001. Quelle: http://www.bmgs.bund.de/deu/gra/aktuelles/reden/bmgs/index_2765.cfm.

Schmitz-Elsen, J./Sans, R. (2002): Subsidiarität. In: Fachlexikon der sozialen Arbeit (52002). Frankfurt a. M., S. 954.

Smale, G./Tuson, G. u. a. (1993): Empowerment, Assessment, Care Management and the Skilled Worker. National Institute for Social Work. London.

SSI/SWSG (^{5}1994): Care Management and Assessment. Practitioners' Guide. Social Services Inspectorate (Department of Health) and Social Work Services Group (Scottish Office). London.

Weinberg, A. u. a.. (2003): What do Care Managers do? – A Study of Working Practice in Older People's Services. In: British Journal of Social Work, 33. Jg, Heft 7/2003, S. 901-919.

Wendt, W. R. (Hrsg.) (1991): Unterstützung fallweise. Case Management in der Sozialarbeit. Freiburg i. Br.

Wendt, W. R. (^{2}1999): Case Management im Sozial- und Gesundheitswesen. Eine Einführung. Freiburg i. Br.

Wendt, W. R. (2002): Case Management – Stand und Positionen in der Bundesrepublik. In: Löcherbach u. a. (2002): Case Management. Fall- und Systemsteuerung in Theorie und Praxis. Neuwied, S. 13-35.

Wendt, W. R. (2004): Case Management in Deutschland. Viel gelobt, noch zu wenig praktiziert. In: Blätter der Wohlfahrtspflege, Heft 2, S. 43-49.

Wright, M. T. (2000): Case Management und „Advocacy": Erfahrungen aus der US-amerikanischen Sozialarbeit für Menschen mit HIV und Aids. In: Ewers, M./Schaeffer, D. (Hrsg.) (2000): Case Management in Theorie und Praxis. Bern u. a. S. 145-159.

Sozialer Raum als Fall?

Fabian Kessl

Hans Pfaffenberger schlägt Ende der 1960er Jahre im Rahmen seiner Überlegungen zum Theorie- und Methodenproblem zur Beurteilung eines Methodeneinsatzes in der Sozialen Arbeit fünf Kriterien vor. Als erstes Kriterium nennt H. Pfaffenberger (1968, S. 45; Hervorh., F. K.): „Ort und Sitz des eigentlichen Problems".[1] 20 Jahre später plädiert Michael Winkler (1988, S. 278 f.) in seiner Theorie der Sozialpädagogik für zwei Grundbestimmungen sozialpädagogischen Handelns: Subjekt und Ort: Sozialpädagogisches Denken beginne dort, „wo überlegt wird, wie ein Ort beschaffen sein muss, damit ein Subjekt als Subjekt an ihm leben und sich entwickeln kann, damit er auch als Lebensbedingung vom Subjekt kontrolliert wird". M. Winkler schließt damit an eine Thematisierung räumlicher Dimensionen Sozialer Arbeit an, wie sie bereits von Paul Natorp in der ersten systematischen Sozialpädagogik vorgenommen wurde: P. Natorp (vgl. [1899] 1925) weist in seinen Überlegungen auf die Relevanz der Gestaltung pädagogischer Orte (Familie, Schule und freie Selbsterziehung im Gemeinleben) für die Ermöglichung menschlicher Entwicklung hin. Vorläufer und Frühformen sozialpädagogischer Arrangements seit dem 17. Jahrhundert sind von ihrer je konkreten Verortung geprägt – sei es als Rettungshäuser, Kinderheime, Anstaltsgelände oder Stadtbezirke.

Räume werden bis heute im Feld Sozialer Arbeit als überschaubare territoriale Einheiten, d. h. als geographisch fassbare räumliche Einheiten beschrieben. Soziale Arbeit sucht überschaubare Lebensbereiche zu identifizieren, um ihre Interventionsstrategien darin zu verorten. Die Thematisierungsweisen der räumlichen Dimensionen Sozialer Arbeit haben sich allerdings im Lauf der Zeit verändert. Spielte für Johann Hinrich Wichern, Friedrich von Bodelschwingh oder

---

[1] Die Kriterien 2-4, die H. Pfaffenberger zur Beurteilung eines Methodeneinsatzes in der Sozialen Arbeit vorschlägt, lauten: „Differenzielle Ansprechbarkeit und Erreichbarkeit bestimmter Klienten oder Klientenkategorien durch bestimmte Methoden; Diagnostische Ergiebigkeit der einzelnen Methode; Therapeutische Ergiebigkeit, Wirksamkeit und Intensität der einzelnen Methode für bestimmte Klientenkategorien; Ökonomie der einzelnen Methode, unterschiedliches Verhältnis von Aufwand und Effekt bei verschiedenen Methoden (generell bzw. im Einzelfall)" (Pfaffenberger 1968, S. 45).

theorie-systematisch für P. Natorp der Raum als konkreter Ort pädagogischer Intervention die entscheidende Rolle, rücken u. a. Gemeinwesenarbeits- und stadtteilorientierte Strategien seit Ende der 1960er Jahre soziale Dimensionen der sozialpädagogisch relevanten Orte in den Blick: Quartiere oder Dörfer werden als „Sozialräume", als Lebenszusammenhänge und mit Blick auf ihre sozialen Strukturierungen (ethnisch, ökonomisch, symbolisch) beschrieben. Gleichzeitig überwindet die Mehrheit der Konzeptionen und systematischen Reflexionen, wie sie unter den Überschriften von „Lebensweltbezug", „Stadtteilorientierung" oder „Regionalisierung" in diesen Jahren vorgeschlagen werden, nicht die Essentialisierung der räumlichen Dimensionen als Territorien oder Orte.[2] Erste Einwände gegen eine solche Vorstellung eines absoluten Raums finden sich dann in den 80er und 90er Jahren des letzten Jahrhunderts (vgl. Becker/Eigenbrodt/May 1984; Becker/Hafemann/May 1984; Böhnisch/Münchmeier 1993; Deinet 1993). Diese Arbeiten rücken die Produktion und Aneignung von sozialen Räumen in den Mittelpunkt ihres Untersuchungsinteresses. An diese vereinzelten Studien schließen seit Ende der 1990er Jahre eine wachsende Zahl von Arbeiten an, innerhalb derer unterschiedliche Aspekte der Konstitution und Konstruktion von Räumlichkeit im Feld Sozialer Arbeit thematisiert werden (vgl. Reutlinger 2001; Beiträge in: Frey/Kessl/Maurer/Reutlinger 2004; Kessl/Otto 2004a, 2004b; Riege/Schubert 2002; Unsere Jugend 9/2002 und Widersprüche 82/2001). Die Diskussionen um Soziale Arbeit stehen damit im Zusammenhang mit einer sozialwissenschaftlichen Hinwendung auf die historisch-spezifischen Gestaltungsprozesse von Räumlichkeit. Denn die an sich basale Einsicht, dass „Zeit und Raum nicht unabhängig von sozialem Handeln verstanden werden können" (Harvey 1990, zit. nach Castells 2003,

---

2   Diese relative Selbstverständlichkeit einer Essentialisierung der Raumdimensionen zeigt sich symptomatisch in so unterschiedlichen Redeweisen, wie der von W. Hinte, G. Litges und W. Springer in ihrem Plädoyer für eine sozialraumorientierte Überwindung der Einzelfallorientierung Sozialer Arbeit auf der einen Seite und M. Winklers Grundbestimmung einer Theorie der Sozialpädagogik auf der anderen Seite (vgl. Hinte/Litges/Springer 1999; Winkler 1988). Die inzwischen zur Programmformel gewordene Überschrift, die W. Hinte, G. Litges und W. Springer ihrem Band gegeben haben: Vom Fall zum Feld, rekurriert grundlegend auf die sozialen Lebenszusammenhänge von Nutzern sozialer Dienstleistungsangebote und betont daher den „Lebensweltbezug" oder die Orientierung an den „Lebensbereichen" von Nutzern. Allerdings werden im nächsten Schritt die Interventionsstrategien Sozialer Arbeit sofort wieder territorial auf bestimmte Orte begrenzt, d. h. die Bevölkerungsgruppen bestimmter Stadtteile (vgl. Litges 1999, S. 43 ff.; Hinte 1999, S. 104 ff.). M. Winkler changiert in seiner Theorie der Sozialpädagogik terminologisch zwischen Ort und Raum. Auch er deutet dabei den Aspekt der Konstitution von sozialen Räumen als soziale Beziehungsstrukturen an (vgl. Winkler 1988, S. 278 ff.). Dennoch scheint M. Winkler unentschieden und am Ende seiner Ausführungen doch die Vorstellung sozialpädagogischer Orte zu präferieren (vgl. Winkler 1988, S. 282).

S. 466), konnte sich in den Sozialwissenschaften erst als Reaktion auf die Klagen über einen Mangel räumlichen Denkens und räumlicher Forschung durchsetzen (vgl. Vaskovics 1982; Soja 1989). Derartige Mahnungen angesichts der „blinden Flecken der Sozialtheorie" (Albrecht 1972) scheinen somit nicht mehr generell angebracht – zumindest hinsichtlich einer wachsenden Thematisierungsquantität räumlicher Aspekte im Feld Sozialer Arbeit (vgl. Deinet/Krisch 2002; Hinte/Litges/Springer 1999; Merten 2002; Munsch 2003; Projektgruppe „Netzwerke im Stadtteil – Wissenschaftliche Begleitung von E&C" 2004).

Im Folgenden wird ein Versuch unternommen, die aktuellen Auseinandersetzungen um eine räumliche Dimensionierung Sozialer Arbeit, die sich zumeist um eine stärkere *Sozialraumorientierung* Sozialer Arbeit bemühen, zu verorten. Dazu werden zuerst in Form einer genealogischen Skizze die Thematisierungslinien der aktuellen Auseinandersetzungen um eine Sozialraumorientierung Sozialer Arbeit relationiert. Anschließend wird eine begriffliche Vergewisserung zu Territorium, sozialer Raum und Räumlichkeit vorgenommen, um schließlich eine alternative Sichtweise zur vorherrschenden sozialraumorientierten Lesart vorzuschlagen.

1 Thematisierungslinien der Sozialraumorientierung

1.1 Raum und Ort als Grundbedingungen systematischer Konzeptionen Sozialer Arbeit

P. Natorp (vgl. [1899] 1925, S. 217 ff.) fragt in seiner Sozialpädagogik, die er als eine Theorie der Willenserziehung entwirft, nach den Organisationsformen dieser Willenserziehung. Welche Bildungsräume sind notwendig, um den Einzelnen die Ausbildung eines Vernunftwillens zu ermöglichen? Wie ist also die Begegnung der Menschen zu organisieren, in der das jeweils selbsttätige Bewusstsein der Einzelnen sich entgegentreten kann, um wiederum die Selbsttätigkeit des Anderen zu motivieren? Das Haus, die Schule und die „freie Selbsterziehung im Gemeinleben der Erwachsenen" (*Volkshochschule*) stellen für P. Natorp ([1899] 1925, S. 241) die Formen der organisierten Gemeinschaft dar, d. h. die notwendigen Bildungsorte für die menschliche Entwicklung. Demgegenüber thematisiert Siegfried Bernfeld ([1929] 1996, S. 271) am Ende der 1930er Jahre den „sozialen Ort" als die bestimmende Dimension für die historisch-spezifische Milieuprägung von Normalität und Abweichung: „So setzt der ‚soziale Ort' für das bürgerliche und proletarische Kind je eine andere Chance der Entwicklung". S. Bernfeld ([1929] 1996, S. 258) sieht zwei Dimensionsebenen, auf denen der soziale Ort für die kindliche Entwicklung negativ prägend sein kann: die *objektive* (materielle Ressourcen) und die *kulturelle* (soziale Bewertung). M. Winkler (vgl. 1988, S. 263 ff.)

richtet seine *Theorie der Sozialpädagogik* 60 Jahre nach S. Bernfeld auf acht Grundbestimmungen, die sich letztlich in den beiden Grundbestimmungen von Subjekt und Ort konzentrieren. Die sozialpädagogisch bereit gestellten *Orte* treten nach M. Winkler (1988, S. 281) gewissermaßen aus der Geschichte heraus: sie schaffen „eine Möglichkeit, den Modus der Differenz zu überwinden". In dieser Befreiungstätigkeit von sozialen Herrschaftszusammenhängen wird die Sozialpädagogik zur subversiven Instanz, indem sie den „Ort der Armut" dadurch in die Hände des „Subjekts" zurückgibt, dass sie ihm dessen Aneignung erst ermöglicht (Winkler 1988, S. 259). An der Aneignungsperspektive richtet sich auch die Konzeption einer *sozialräumlichen Jugendpädagogik* aus, die Lothar Böhnisch und Richard Münchmeier (vgl. 1993) in Korrespondenz zu den Überlegungen von Ulrich Deinet entwerfen. Jugendarbeit habe sich bisher darauf beschränkt, Räume als Veranstaltungsorte oder als Erlebnisräume zu verstehen, damit allerdings immer das thematische gegenüber der räumlichen Dimension der Arbeit in den Vordergrund gerückt (vgl. Böhnisch/Münchmeier S. 66 ff.). Demgegenüber basiere eine *sozialräumliche Jugendpädagogik* auf der „Dialektik von Räumlichem und Thematischem" (Böhnisch/Münchmeier, S. 68). ‚Aneignung' (...) wird erst dann zur pädagogisch relevanten Kategorie, wenn zu der sozialräumlich-jugendkulturellen Komponente die thematische Komponente in Beziehung tritt" (Böhnisch/Münchmeier, S. 69).

Christian Reutlinger (2001, S. 96) nimmt diese Überlegungen in seiner sozialgeographischen Grundlegung Sozialer Arbeit auf und plädiert im Anschluss an die Arbeiten des Schweizer Sozialgeographen Benno Werlen für einen handlungstheoretischen Perspektivenwechsel hinsichtlich der räumlichen Dimensionierung Sozialer Arbeit: „Es geht nicht mehr um die Untersuchung des verbauten, entfremdeten oder zubetonierten ‚Raumes', sondern um die aktuellen Aneignungsformen in der Kindheit oder im Jugendalter". Ist die Frage nach den sozialräumlichen Dimensionen Sozialer Arbeit somit in eine Frage nach Aneignung umzuformulieren?

1.2 Die Arbeit im Gemeinwesen zur Verbesserung der sozio-kulturellen Umgebung als problematisch definierter, territorial oder funktional abgegrenzter Bevölkerungsgruppen

Seit Beginn der Implementierung Sozialer Arbeit im zweiten Drittel des 19. Jahrhunderts richtet Soziale Arbeit ihr Handeln an spezifischen Ortseinheiten aus. Bewohnerinnen und Bewohner in Armutslagen werden in ihren Wohnquartiere von Armenkommissionen (Berlin) oder Armenpflegern unter der Regie eines Armenvorstehers (Elberfeld) beaufsichtigt, ihre Notlage untersucht und dann entsprechend unterstützt bzw. an öffentliche Unterstützungsinstanzen vermittelt. Die Einteilung der Städte nach Armutsquartieren – in Elberfeld waren es 252 Quartiere, die jeweils einem ehrenamtlichen Armenpfleger unterstellt waren und auf einer nächst höheren Ebene in Bezirke mit jeweils 14 Quartieren zusammengefasst wurden, die in die Verantwortung eines Armenvorstehers gestellt waren – führt zu frühen Modellen einer *Kartographie des Sozialen*. Soziale Lebenszusammenhänge werden hierbei nahräumlich in verschiedene „Behälter-Räumen" gruppiert (Läpple 1991b, S. 37 ff.).[3] Aktuell bilden solche Sozialkartographien die Grundlage für Stadtentwicklungsprogramme, wie das Beispiel des Bundesprogramms „Soziale Stadt" zeigt: So genannte besonders benachteiligte Stadtteile werden knapp 150 Jahre nach der Implementierung des Elberfelder Systems wieder als Behälter-Räume identifiziert und anschließend in administrative Planungsräume für die Stadtentwicklung umdefiniert.[4] Sozialer Arbeit wird in diesen Zusammenhängen die Aufgabe einer *Aktivierungsinstanz* zugewiesen. Durch ein Jugendhilfe- und Quartiersmanagement sollen brachliegende Ressourcen der Bevölkerungsgruppen in den als besonders benachteiligt bestimmten Wohnarealen aktiviert werden, wie es bspw. die Programmlogik der Partnerprogramme von Soziale Stadt: „Entwicklung und Chancen junger Menschen in sozialen Brennpunkten" (E&C) und dessen Nachfolgeprogramm „Lokales Soziales Kapital (LOS)" vorsehen. Befindet sich Soziale Arbeit damit in einer Situation ihrer *Marginalisierung* oder ihrer *weit reichenden Anerkennung?* Einerseits steht sie in der Gefahr als sozialraumorientierte Aktivierungsinstanz zum Appendix von Stadtentwicklungsprogrammen zu werden (vgl. Otto 2002; Krummacher/Kulbach/Waltz/Wohlfahrt 2003). Andererseits sind sozialpädagogische Forderungen der Stadtteilorientierung und BewohnerInnenaktivierung, wie sie in den Konzeptionen der Gemeinwesenarbeit oder im Rahmen der Heimrevolten seit Ende der 1960er Jahre zumeist als Kritik an den herrschenden Strategien der Individualfürsorge formuliert wurden, inzwischen im Zentrum politischer Auseinandersetzungen angekommen (vgl. Kessl 2004). Dies zeigt sich gerade im Feld der Hilfen zur Erziehung besonders deutlich, wo versucht wird, durch eine „sozialräumliche" Umstrukturierung auf die institutionalisierungskritischen Einwände zu reagieren (vgl. Koch u. a. 2000).

---

3   Die administrative Logik zeigt sich auch in der Einteilungsstruktur der Quartiere, die in Elberfeld nach Hausnummern vorgenommen wurde (Vgl. § 9 der Armenordnung für die Stadt Elberfeld vom 9. Juli 1852. In: Sachße/Tennstedt 1980, S. 286 ff.).

4   Der informationstechnologische Fortschritt erlaubt heute den Fachkräften wie den NutzerInnen im Unterschied zu den Elberfelder Vorfahren mit einem Mausklick die Information auf einer übersichtlichen Karte abzufragen, ob ein bestimmtes Wohnquartier als „besonders benachteiligtes Areal" eingestuft wird oder nicht (vgl. http://www.sozialestadt.de/gebiete/programmgebiete00-tabelle.shtml).

1.3 Sozialraumorientierung als Fundamentalkritik der bestehenden Strukturen von Sozialer Arbeit und Jugendhilfe

Die Ausdifferenzierung und Spezialisierung der Hilfen zur Erziehung habe zu einer Standardisierung der Angebote geführt, die nicht mehr individuellen Lebenslagen angepasst sei und außerdem durch eine selektive Fallverantwortung verschiedener Erbringungsinstanzen Maßnahmekarrieren befördere, so die zentralen Kritikpunkte der Protagonisten *Flexibler* oder *Integrierter Hilfeformen* (vgl. Hinte 1999; Klatetzki 1995; Koch u. a. 2000). Gegenüber den vielfach überbürokratisierten Angebotsstrukturen der Kinder- und Jugendhilfe wolle eine „sozialräumlich" ausgerichtete Jugendhilfepraxis „Konzepte der Ressourcen- und Netzwerkarbeit (...) integrieren", in der Überzeugung, dass das Milieu den „konstituierenden Faktor für sozialpädagogische Hilfen" darstelle (Wolff 2000, S. 57).

Wolfgang Hinte, Gerd Litges und Werner Springer (vgl. 1999) fordern in ihrem Praxisforschungsbericht unter der griffigen Programmformel „Vom Fall zum Feld" eine verstärkte Lebenswelt- oder Lebenslagenorientierung der Erziehungshilfeangebote. Die Kenntnis des nahräumlichen Milieus der Nutzerinnen und Nutzer sei vonnöten, um „möglichst passgenaue Hilfen" entwerfen und durchführen zu können (vgl. Hinte 1999, S. 94).

Die aktuellen sozialraumorientierten Konzeptionen werden in aller Regel an identifizierten Wohnarealen ausgerichtet, wie das in bestimmten Regionen bereits „sozialräumlich" umstrukturierte Feld der Erziehungshilfen zeigt. Grundlage einer Entscheidung zu sozialraumorientierten Vorgehensweisen sind sozialkartographische Vermessungen der Städte und Gemeinden und anschließend der einzelnen Wohnareale. Diese Sozialraumanalysen dienen der „Festlegung teilräumlicher Prioritäten bei der Weiterentwicklung der Angebotsstruktur" (Schneider 2002, S. 9; Riege/Schubert 2002; kritisch: May 2001). Neben diesen sozialkartographischen Instrumenten wird zur Umsetzung sozialraumorientierter Strategien v. a. das so genannte Sozialraumbudget genutzt.

1.4 Verwaltungsvereinfachung durch Sozialraumbudgetierung

1998 plädiert W. Hinte im Auftrag der Kommunalen Gemeinschaftsstelle für Verwaltungsvereinfachung (KGSt) für eine Umstellung der bisherigen individual-bezogenen Finanzierungsformen auf Sozialraumbudgets. Sozialraumbudgets führen das Modell des „Budgets", wie es im Rahmen der Verwaltungsmodernisierungsstrategien entwickelt wurde, mit dem Modell eines territorialen Raumbezugs Sozialer Arbeit zusammen. Budgets gewähren nach Ansicht der Verwaltungsreformer einzelnen Organisationseinheiten für eine bestimmte Zeit eine größere Entscheidungs- und damit Handlungsfreiheit. Die auftragsorientierte Begrenzung dieser

Handlungsfreiheit geschieht durch vertraglich fixierte Zielvereinbarungen (vgl. Kühn 1999, S. 29). Das Territorium verspricht den Fachkräften ein identifizierbares Handlungsareal mit einer bestimmbaren Nutzergruppe. Die Verknüpfung beider Strategien im Modell des Sozialraumbudgets soll eine erhöhte Selbststeuerung der beteiligten Akteure v. a. in so genannten benachteiligten Wohnarealen ermöglichen. Der Sozialen Arbeit gestatte dies erstens eine kostengünstigere Bearbeitung der Einzelfälle durch die freien Träger und zweitens könne aufgrund der höheren Flexibilität sowohl stärker präventiv als auch effektiver agiert werden (vgl. KGSt-Bericht 12/1998).

Seit der Veröffentlichung dieses KGSt-Vorschlags ist eine heftige Debatte über mögliche Vor- und Nachteile der Sozialraumbudgetierung für die Angebotsnutzer und die Angebotserbringer entbrannt. Spannt man die Debattenbeiträge in einem Argumentationsfeld auf, lassen sich die beiden Extrempole anhand der Einschätzungen von W. Hinte und Albert Krölls, einem der heftigsten Kritiker der Sozialraumbudgetierung, darstellen. Während W. Hinte (1999, S. 105) das Sozialraumbudget für ein trojanisches Pferd hält, mit dem die bestehende „defensive, kameralistische ausgerichtete Sichtweise der öffentlichen Träger" von innen heraus umgekrempelt werden könne, befürchtet A. Krölls (vgl. 2002), dass die Einführung der Sozialraumbudgets nur einen weiteren Baustein in der aktuellen Streichungspolitik im sozialen Sektor darstellt. Welche der beiden Positionen kann nun mehr überzeugen? Beide Autoren können Punktgewinne in der Auseinandersetzung für sich verbuchen. Für den Erfolg des Modells der Sozialraumbudgetierung spricht, dass W. Hinte mit dem KGSt-Bericht 12/1998 einen Beitrag dazu geleistet hat, den ursprünglichen Plan der KGSt zur Neuordnung der Kinder- und Jugendhilfe in einer kleinteiligen Produktgruppensortierung zurückzuweisen. Hatte die KGSt 1996 noch eine kleinteilige Neustrukturierung der Jugendhilfeleistungen in einzelne Produkte gefordert (vgl. KGSt-Bericht 3/1996), was zu scharfer Kritik geführt hatte (vgl. Naschold 1996), kann W. Hinte in dem erwähnten Bericht für die KGSt zwei Jahre später formulieren: „Die Produktgruppenbeschreibung lautet in diesem Fall vielmehr ‚Hilfen zur Erziehung im sozialen Raum' und darf keineswegs, ganz im Sinne des je vertretenen fachlichen Ansatzes, weiter ausdifferenziert werden" (KGSt-Bericht 12/1998, S. 48). Für die These, Sozialraumbudgets stellten vor allem Werkzeuge zur Reduzierung öffentlicher Kosten dar, wie sie A. Krölls formuliert, spricht indessen, dass eben dieses Ziel nicht nur von W. Hinte im erwähnten KGSt-Bericht und an anderer Stelle bereits expliziert wird, sondern auch, dass das Sozialraumbudget keineswegs die Implementierung der neuen Kostenreduktionsstrategien im Rahmen der Neuen Steuerung insgesamt begrenzen konnte. Vielmehr bildet es einen Teil eben dieser Strategien, denn mit der Einführung von Sozialraumbudgets wird die Kostensteuerung als zentrale Organisationslogik der „Neuen Steuerung" von Dienstleistungsangeboten der Kinder- und Jugendhilfe weiter fixiert. Norbert Wohlfahrt und Heinz-Jürgen Dahme sprechen in ihrer Expertise *Sozialraumbudgets in der Kinder- und Jugendhilfe* von folgenden fünf Aspekten, die mit der Einführung von Sozialraumbudgets weiter befördert würden: Verstärkung einer unternehmerischen Orientierung, Haushaltsentlastung, Privatisierung der personenbezogenen sozialen Dienstleistungen, Synergieprozesse durch Dezentralisierung im Sinne. einer Verantwortungsverlagerung in Richtung der betroffenen Personen selbst und Spill-Over-Effekte durch die Modernisierung auf die Umgebung der Verwaltung (vgl. Wohlfahrt/Dahme 2002, S. 12).

Bemerkenswerteweise landen W. Hinte und A. Krölls in ihren Diagnosen zur gegenwärtigen Lage der Kinder- und Jugendhilfe letztlich beide bei einem Plädoyer für eine verstärkte Sozialraumorientierung[5] – trotz ihrer gegensätzlichen Einschätzungen, was die Notwendigkeit von Sozialraumbudgets angeht. Unzureichend scheint beiden Autoren die Gestalt bisheriger Erbringungspraktiken der Kinder- und Jugendhilfe, weshalb eine fachliche Umsteuerung hin zu einer sozialraumorientierten Kinder- und Jugendhilfe geboten sei. Demgegenüber beurteilen N. Wohlfahrt/H.-J. Dahme (2002, S. 24) die Lage der Kinder- und Jugendhilfe in ihrer verwaltungswissenschaftlichen Vergewisserung insgesamt sehr viel skeptischer: „Sozialraumbudgets sind Instrumente eines strategischen Umbaus der gesamten Jugendhilfe, deren vorhandene Strukturen damit insgesamt einer Kritik unterzogen werden". Handelt es sich bei der Sozialraumorientierung somit nicht nur um eine durchaus fundamentale neue fachliche Strategie oder um fiskalische Interessenspolitik, wie W. Hinte bzw. A. Krölls vermuten, oder um eine grundlegende Neuregulierung der Kinder- und Jugendhilfe im Rahmen einer umfassenden Neugestaltung des sozialen Raums der Gesellschaft?

1.5 Die Relevanz des Nahraums angesichts neuer sozialer Spaltungsprozesse

Die Veränderung des bundesrepublikanischen Kapitalismus seit den 1970er Jahren zeigt sich in der grundlegenden Veränderung des sozialen Raums der Gesellschaft. Dieser Wandel hat zu einer neuen *Destabilisierung von Lebenslagen* geführt, die bei etwa zehn Prozent der Bevölkerung eine zunehmende „Verfestigung sozialer Deklassierung durch *Armut* bzw. durch vollständige *Exklusion* aus

---

5   W. Hinte setzt in seinem Plädoyer auf die „individuell angesetzte, spezifisch zuzuschneidende Hilfe, die durch eine kompetente Bezugsperson geleistet wird" (Hinte 1999, S. 105), und A. Krölls fragt, „warum der sozialräumliche Ansatz nicht Bestandteil der jeweiligen Einzelfallhilfe sein soll" (Krölls 2002, S. 187).

dem Arbeitsmarkt und auch durch sozialmoralische Ausgrenzung in bestimmten Minderheiten und Wohnvierteln" hervorgebracht hat (vgl. Vester u. a. 2001, S. 83; Hervorh. im Orig.). Diese räumlichen Segregationsdynamiken spielen eine entscheidende Rolle in der diskursiven Konstitution der Sozialraumorientierung im Feld Sozialer Arbeit. Anfangs wurde v. a. innerhalb stadtsoziologischer, stadt- und regionalplanerischer und sozialgeographischer Studien auf eine solche neue soziale Spaltung verwiesen – Hartmut Häußermann und Walter Siebel (vgl. 1987, S. 139) sprachen Ende der 1980er Jahre von der Geburt *dreigeteilter Städte*[6]. Die Destabilisierung von Lebenslagen führe, so die These, zu einer räumlichen Konzentration von immobilen armen Bevölkerungsgruppen (vgl. Kronauer 1998, S. 25). Diese Diagnosen räumlicher Segregation dienen regelmäßig der Begründung nahraumorientierter Interventionsstrategien: räumlich identifizierte soziale Probleme werden als Probleme spezifischer Nahräume beschrieben, woraus die Schlussfolgerung gezogen wird, staatliche Reaktionen seien in Form von Interventionsmaßnahmen *in* diese spezifischen sozialen Räume des Lokalen zu konzipieren: „Eine Betrachtung der Lebens- und Mobilitätssituation von Bewohnern benachteiligter Stadtteile zeigt jedoch, dass hier die Mobilität eher abnimmt und damit der Nahraum als Sozialraum an Bedeutung gewinnt. (...) Das bedeutet, dass die Diskussion um Sozialraumorientierung sich auf bestimmte Gebiete und damit auf bestimmte Aufgaben konzentrieren muss." (Murböck 2002, S. 101).

1.6 Der Raum des Lokalen als Raum zivilgesellschaftlicher Restauration

Die Aktivierung kleinräumiger (Re-)Produktionspotenziale, wie sie die nahraumorientierten Strategien von Stadtentwicklung, Stadtplanung oder quartiersbezogener Sozialer Arbeit anstreben, hat ein zweifaches Ziel. Brachliegende *Ressourcen der Wohnbevölkerung* sollen reaktiviert werden, womit ein effizienterer Einsatz öffentlicher Interventionen erreicht werden könne, da diese auf wesentliche Aufgaben konzentriert und nicht (mehr) zur Substitution von (Re)Produktionsleistungen herangezogen würden, die von den BewohnerInnen auch selbst erledigt werden könnten. Gleichzeitig treibe eine Reaktivierung von BewohnerInnenressourcen einen *neuen sozialen Inklusionsmotor* an, der angesichts der wachsenden Individualisierungs- und Pluralisierungstendenzen der bundesrepublikanischen Gesellschaft auch dringend von Nöten sei. Manche Autoren gehen noch weiter

---

6　H. Häußermann/W. Siebel charakterisieren die dreigeteilte Stadt in folgender Weise: Auf die *erste Stadt* konzentriere sich Entwicklungspolitik der Städte, die *zweite Stadt* stelle v. a. eine Wohn- und Versorgungsstadt für die Mittelschicht bereit und die *dritte Stadt* werde zur Stadt spezifischer marginalisierter Gruppen (vgl. Häußermann/Siebel 1987).

und erhoffen sich von einer derart „aktivierten Bürgergesellschaft" sogar eine Re-Humanisierung des westlichen Kapitalismus, bei dem „der Mensch tatsächlich im Mittelpunkt (steht), der lebendige Mensch mit allen seinen Facetten, nicht eine ökonomistische oder bürokratische Abstraktion oder Verballhornung" (Strasser 2001, S. 224).

Die nahräumlichen Aktivierungsstrategien konzentrieren sich außerdem nicht nur auf Bevölkerungsgruppen in marginalisierten Quartieren, sondern versprechen eine umfassende Antwort auf die Veränderung des sozialen Raums der Gesellschaft. Die verbindende Idee dieser Programme lautet: der soziale Zusammenhalt verlange angesichts der durch Globalisierungsprozesse „entbetteten Ökonomie" sowohl deren lokale „Rückbettung" (vgl. affirmative Konzepte der *lokalen Ökonomie* oder der *Gemeinwesenökonomie*) als auch eine lokale Re-Inklusion der Gesellschaftsmitglieder (vgl. affirmative Konzepte der *Zivilgesellschaft* oder der *Bürgergesellschaft*). Begründet wird die Betonung des sozialen Raums des Lokalen in doppelter Weise: einerseits habe die nationale Ebene ihre Integrationskraft in der radikalisierten Moderne verloren (vgl. Giddens 1988) und andererseits finde sich das faktische Engagement der Bürgerinnen und Bürger zumeist auf der lokalen Ebene (vgl. Enquete-Kommission „Zukunft des bürgerschaftlichen Engagements" 2002, S. 159). Kann die Frage sozialer Integration somit nur mit einem Perspektivwechsel vom sozialen Raum der Gesellschaft auf den sozialen Raum des Lokalen beantwortet werden? Wovon wird gesprochen, wenn von einem sozialen Raum die Rede ist?

2   Territorium, sozialer Raum und Räumlichkeit –
Wo ist nun der Raum für Soziale Arbeit?

Raum und Zeit sind konstitutive Elemente sozialer Lebenszusammenhänge. Während allerdings bis in die 1970er Jahre relativ selbstverständlich der soziale Konstruktionsprozess menschlicher Geschichte hervorgehoben und untersucht wurde, galt die Räumlichkeitsdimension relativ selbstverständlich als reine Umweltbedingung: Räume wurden als Territorien oder als Orte verstanden und damit keiner weiteren systematischen Rekonstruktion und Reflexion unterzogen (vgl. Löw 2001). Diese „Raumblindheit" prägte auch die Mehrheit der Diskussionen um Soziale Arbeit (Läpple 1991a, S. 163; Böhnisch/Münchmeier 1993). Gleichzeitig deuten bereits frühe Hinweise die Notwendigkeit eines nicht-essentiellen Raumbegriffs für eine systematische Soziale Arbeit an, wenn bspw. S. Bernfeld darauf verweist, dass Räume nicht nur *objektive*, sondern auch *kulturelle* Dimensionen umfassen.

Martina Löw (2001, S. 224) sucht in ihrer „Raumsoziologie" einen derartigen nicht-essentiellen Raumbegriff auszuformulieren: Raum sei aus der Wechselwirkung von Handlung und Struktur zu erklären: „Raum ist eine relationale (An)Ordnung sozialer Güter und Menschen an Orten". Mit dem Terminus der relationalen (An-)Ordnung weist M. Löw auf einen doppelten Charakter von Räumen hin: Räume umfassen i. E. immer strukturelle wie Handlungsdimensionen zugleich. Raumkonstitution beschreibe daher Platzierungsprozesse, die immer nur mit Bezug zu anderen Platzierungen vorgenommen werden könnten. Diese Platzierungsprozesse untersucht Ch. Reutlinger im Rahmen einer „Sozialgeographie des Jugendalters" im Feld der Jugendarbeit. Das Geographie-Machen von Jugendlichen müsse in den Blick genommen werden statt die Territorialisierung sozialer Zusammenhänge, so Ch. Reutlinger im Fahrwasser des Paradigmenwechsels, den B. Werlen für die Geographie vorgeschlagen hat: nicht mehr der Erdraum, sondern das „Alltägliche Geographie-Machen" der handelnden Akteure solle deren Forschungsgegenstand darstellen (vgl. Werlen 1995, 1997). Auf Basis seiner systematischen Beobachtungen von jugendlichen Bewältigungsstrukturen plädiert Ch. Reutlinger dafür, Bewältigungskarten von „unsichtbar" gewordenen Jugendlichen zu erstellen. Die Unsichtbarkeit jugendlicher Bewältigungsstrategien präge die gespaltene Stadt der Spätmoderne zunehmend, manche Jugendliche bewegten sich heute bereits primär außerhalb der institutionalisierten Strukturen bestehender Sozialisationsinstanzen. Erst wenn diese Bewältigungspraxen wieder sichtbar gemacht würden, sei die Entwicklung angemessener sozialpädagogischer Unterstützungsformen zur Lebensbewältigung dieser Jugendlichen wieder erreichbar, so Ch. Reutlinger weiter. Welche Konsequenzen sind damit für das Feld Sozialer Arbeit und v. a. die sozialraumorientierte Ausrichtung Sozialer Arbeit verbunden?

1. Es muss sowohl von der uralten Vorstellung Abschied genommen werden, Räume bestünden aus einem einheitlichen Aggregat von Einzelpersonen und deren Verhaltensweisen, als auch von der umgekehrten Vorstellung, Verhaltensweisen von BewohnerInnen eines Areals seien aus dessen Identifizierung als „benachteiligte Armutsgebiete", „gefährliche Straßenzüge" oder „besonders erneuerungsbedürftige Stadtteile" abzuleiten. Derartige unzulässige ökologische Fehlschlüsse bilden allerdings das Nervensystem der aktuellen sozialraumorientierten Vorgehensweisen.

2. Stadtteile sind weder als „Orte der Desintegration" noch als „Stätten der Heilung" zu verstehen (Duyvendak 2004). Denn beide Bestimmungen basieren auf der Identifizierung einzelner Quartiere anhand der Aggregierung bestimmter Sozialindikatoren: als Belege für „Desintegration" werden bspw.

die Zahl polizeilicher Anzeigen, der Anteil von Bevölkerungsgruppen mit einer anderen als der deutschen Staatsangehörigkeit oder ein Verlust an lokaler Identität angeboten. Für die „heilende" Kraft des Quartiers sprächen dagegen, so die Protagonisten sozialraumorientierter Programme, die Anzahl von Vereinsmitgliedschaften, die Beteiligung an Stadtteilinitiativen oder eben die Reduzierung polizeilicher Anzeigen. Diese räumlichen Zuschreibungen führen nun nicht nur zum genannten „doppelten ökologischen Fehlschluss" (vgl. Wehrheim 2002, S. 38), sondern präsentieren positive und negative Quartierscharakterisierung als zweieiige Zwillinge: Sozialkartographisch werden bestimmte Quartiere zuerst als „desintegriert" identifiziert – das entsprechende Förderprogramm in Nordrhein-Westfalen sprach Ende der 1990er Jahre von „besonderem Erneuerungsbedarf", das Bundesprogramm Soziale Stadt inzwischen von „besonderem Entwicklungsbedarf" –, um dann durch die Mobilisierung brachliegender Ressourcen der BewohnerInnenr in „heilende Stätten" verwandelt zu werden. Manifestations- und Lösungsebene von sozialen Problemen werden somit vermischt - nicht nur eine wenig überzeugende, sondern auch eine verheerende Argumentationsweise, weil damit der „Rest der Gesellschaft" aus der Verantwortung für die Lösung dieser Probleme entlassen wird.

3. Nicht eine faktische bauliche und soziale Ausschließung der BewohnerInnen bestimmter Wohnareale stellt die sozialpolitische und sozialpädagogische Herausforderung im Rahmen neosozialer Regierungsstrategien dar (vgl. Kessl 2004), sondern die sozialmoralische Ausgrenzung bestimmter Bevölkerungsgruppen. Wenn von Wohngebietseffekten gesprochen werden kann, dann auf dieser symbolischen Dimension, wie aktuelle Quartiersstudien belegen (vgl. Farwick 2003). Dieser Hinweis bedeutet nun selbstverständlich nicht, dass räumliche Kumulationen von Armutslagen nicht nachweisbar wären. Allerdings stehen räumliche Segregationsdynamiken nicht im kausalen Zusammenhang mit einer Dichte von Armutslagen, d. h. beispielsweise der Anzahl von SozialhilfeempfängerInnen. Räumliche Segregationsdynamiken sind vielmehr primär von der wirtschaftlichen und demographischen Entwicklung einzelner Städte abhängig und der ethnischen Zusammensetzung einzelner Bevölkerungsgruppen. Darauf weist ein aktueller Städtevergleich nochmals deutlich hin, indem er aufzeigt, dass SozialhilfeempfängerInnen in verschiedenen Städten sehr unterschiedlich von räumlicher Segregation betroffen sind (vgl. Klagge 2003). Räumliche Segregation stellt keineswegs eine notwendige Folge von Armut dar. Erst die Thematisierung bestimmter Territorien als „desintegriert" oder „benachteiligt" fixiert die dort lebenden Menschen mit ihren verschiedenen Lebensgeschichten in unter Umstän-

den existenzbedrohender Weise räumlich (vgl. Lanz 2000, S. 41): so ist die „Ausstiegschance" aus ihrem Wohnviertel für BewohnerInnen eines Bielefelder Wohnareals mit einem überdurchschnittlichen Anteil von SozialhilfeempfängerInnen um 37 Prozent niedriger als in den städtischen Quartieren Bielefelds mit einer geringeren Dichte von SozialhilfeempfängerInnen (vgl. Farwick 2003). Eine sozialraumorientierte Soziale Arbeit, die möglichst kleinräumig, Armutslagen oder die Rate an „Schulschwänzern" identifiziert und daraus die Konsequenz zieht, hier müsse sozialraumorientiert interveniert werden, steht daher in der Gefahr einen nicht unerheblichen Beitrag zur symbolischen Produktion räumlicher Segregation beizutragen. Sozialraumorientierte Strategien führen zwar nach Einschätzung von BewohnerInnen durchaus zu Verbesserungen von Lebensqualität in ihrem Wohnquartier (vgl. Schneider 2002). Das verheerende ist allerdings, dass die externe Anerkennung dieser Bevölkerungsgruppen nicht nur nicht gesteigert werden kann, sondern im Gegenteil die öffentliche Wahrnehmung einer räumlich konzentrierten Desintegration und Gefährlichkeit durch die gezielte „Bearbeitung" dieser Areale noch einen Dramatisierungsschub erfahren (vgl. Schneider 2002). Es ist durchaus vorstellbar, dass Fachkräfte diesen Befund nicht einfach übergehen, sondern er ihnen aufgrund ihres „Innenblicks" auf einzelne Lebensgeschichten systematisch verborgen bleibt. Denn auch das Bild, das Fachkräfte, die quartiersbezogen arbeiten, von den einzelnen Quartieren beschreiben scheint positiver als das der Gesamtstadt (vgl. Projektgruppe „Netzwerke im Stadtteil – wissenschaftliche Begleitung E&C" 2002, S. 24). Umso notwendiger ist kritische Aufklärung, um zu verhindern, dass mögliche Erfolge einer Lebensqualitätsverbesserung durch die symbolische Fixierung der Segregation und damit eine Dynamisierung der räumlichen Einschließung bestimmter Bevölkerungsgruppen erkauft wird.

3   Vom Fall zum Feld als Fall

Nicht die Tatsache, dass ein Haus, ein Straßenzug oder ein Quartier an einer bestimmten Stelle in einer Stadt oder Gemeinde liegt, führt zu dessen räumlichen Segregation oder kann dieselbe verhindern, sondern die Symbolisierung dieses Raums unter der Verwendung spezifischer Charakteristika: „kriminell", „dreckig" oder „gefährlich". Die Wirkmächtigkeit solcher Inszenierungen räumlicher Segregation zeigt sich im Zusammenspiel ihrer medialen und politisch-administrativen Vermittlung. Ein herausragendes Beispiel dafür bietet der Themenschwerpunkt, den das Nachrichtenmagazin Stern im November 2002 unter der Überschrift „Wer hier lebt, hat verloren" auf 12 reich und auffällig bebilderten Seiten über den „Verfall" einer scheinbar wachsenden Zahl von Wohnquartieren aufbot.[7] Im Text wird der Mitinitiator des Bundesprogramms „Soziale Stadt", Rolf-Peter Löhr, mit folgenden Worten zitiert: „In den Problemgebieten spürt man, welche Kultur der Abhängigkeit der Sozialstaat geschaffen hat. Dort leben manche Leute schon in der dritten Generation von Sozialhilfe - dort herrscht Sozialhilfeadel - die wissen gar nicht mehr, wie das ist, morgens aufstehen, sich rasieren, vernünftig anziehen und zur Arbeit fahren" (Stern vom 07.11.2002). Diese diffamierende Aussage des stellvertretenden Leiters des Deutschen Instituts für Urbanistik findet ihre Unterstreichung durch die gewählte Bildästhetik: Die Ordnung im Quartier kann nur noch durch extreme Mittel aufrechterhalten werden, wie der Revolver in der Hand eines dargestellten Hausmeisters signalisiert. Welche „Verhältnisse" drohen würden, wenn derartige rigide Kontrollmaßnahmen ausblieben, suggeriert das vorausgehende Bild aus einer Wohnung des Ihme-Zentrums in Hannover, wenn man denn der Bildunterschrift glauben will: zwischen Junkie-Besteck und leeren Getränkedosen sitzt in einer unaufgeräumten, dreckigen Wohnung im 13. Stock einer dieser „Verwahrlosten", „Asozialen" oder „Chaoten".

Diese skandalöse Inszenierung räumlicher Segregationsprozesse stellt eine unzulässige Dramatisierung dar. Doch eine sozialraumorientierte Soziale Arbeit, die erschrocken von derartiger Dramatik im Fahrwasser der neuen Stadt- und Regionalentwicklung aufbricht, um die Lebensqualität in dem „betroffenen" Quartier zu verbessern, kann in Bezug auf Verbesserungen für die Nutzerinnen und Nutzer nur scheitern.

Ch. Reutlinger sucht mit seinem Modell der unsichtbaren Bewältigungskarten einen Weg, um die Geschichten, die von den Nutzern Sozialer Arbeit erzählt werden können, d. h. deren Lebensbewältigungsstrategien, wieder in den Blick zu bekommen (vgl. Massey 2003). Eine derartige Vorgehensweise erweist sich allerdings in ihren aneignungstheoretischen Schlussfolgerung als problematisch, wenn sie mit der Forderung verbunden wird, „soziale Räume jenseits der ökonomisierten, verregelten und institutionalisierten Sozialinstanzen für diese Enwicklungspotentiale zu sichern" (Böhnisch/Arnold/Schröer 1999 zit. nach Reutlinger 2001, S. 94; Hervorh. F. K.). Es sollte sicherlich um die Ermöglichung und Bereitstellung möglichst weitgehender Freiräume, alternative Handlungsoptionen gehen. Allerdings ist dazu kein Raum jenseits historisch-spezifischer Gestal-

---

7   Die o. g. Hamburger Studie stellt demgegenüber fest, dass das Ausmaß räumlicher Spaltung
     sich in den 1990er Jahren – nach einem merklichen Anstieg in den 1980er Jahren – auf dem
     erreichten Niveau stabilisiert hat (vgl. Klagge 2003).

tungsprozesse des Sozialen zu haben. Derartige Hoffnungen auf pädagogisch inszenierte „Vergemeinschaftungs-Räume", wie sie sich bereits P. Natorp erhoffte, fallen in einen pädagogischen Subjektivismus zurück (vgl. Kessl 2004). Deshalb sollte gegenüber den vorherrschenden sozialraumorientierten Konzeptionen im Feld Sozialer Arbeit das Programm einer *sozialraumsensiblen Sozialen Arbeit* ausgearbeitet werden. Eine sozialraumsensible Soziale Arbeit sollte sich nicht auf spezifische Territorien oder Netzwerke begrenzen lassen, sondern ihren Ausgangspunkt in den heterogenen, hierarchischen sozialen Räumen der verschiedenen Akteursgruppen suchen – darin liegt ihre anspruchsvolle, aber auch achtsame Aufgabe. Weder die Bereitstellung bestimmter Orte und deren anschließende pädagogische Ausgestaltung reichen aus, noch die Orientierung an bestimmten Netzwerken (z. B. jugendliche Peers) und die „Anerkennung" von dabei möglichen Aneignungsprozessen. Denn in beiden Fällen wird ein *Jenseits von Macht*, die Existenz eines *herrschaftsfreien Raums der Selbstbestimmung* suggeriert. Diese Vorstellung erweist sich spätestens seit den Erfahrungen der Gemeinwesenarbeit bzw. stadtteilorientierten Arbeit und den Erfahrungen der so genannten neuen sozialen Bewegungen als illusionär. Denn schmerzhaft müssen die Akteurinnen der Heimrevolten, der Frauenbewegung aber eben auch der Gemeinwesenarbeit inzwischen feststellen, dass ihre Hegemonie- und damit verbundene Institutionskritik in die herrschenden Denkweisen Einzug gefunden hat, ohne dass die erhofften Befreiungspotenziale erreicht worden wären. Die aktuellen Neugestaltungsprozess des Sozialen, die unter dem Stichwort Ökonomisierung zusammengefasst werden können, zeichnen sich gerade durch einen solchen Prozess der kapitalistischen Anerkennung und damit auch Integration vormals gesellschaftskritischer Einwände aus (vgl. Boltanski/Chiapello 2003, S. 476 ff.). Eine sozialraumsensible Soziale Arbeit ist angesichts dieser Erfahrungen herausgefordert, permanent das „Gefüge der Macht innerhalb der Konstruktion von Raumbetroffenen" zu dechiffrieren und zu problematisieren (Massey 2003, S. 45). Dabei stehen für die Soziale Arbeit „lokale Kulturen" im Mittelpunkt – als Vielfalt von Fällen. Eine sozialraumsensible Soziale Arbeit ist aufgefordert, aktiv und vehement in die Prozesse symbolischer Einschließung (Inszenierungs- und Symbolisierungsstrategien) einzugreifen.

In der Absicht, Umfeldbedingungen mit in den Blick zu bekommen und der Individualität des jeweiligen Falles gerecht zu werden, wurde der Weg vom Fall zum Feld ausgewiesen. Während des ständigen sozialraumorientierten Pflügens nahräumlicher Felder scheinen die Akteure allerdings übersehen zu haben, dass inzwischen längst das Feld zum Fall geworden ist.

Literatur

Albrecht, G. (1982): Theorien der Raumbezogenheit sozialer Probleme. In: Vaskovics, L. A. (Hrsg.) (1982): Raumbezogenheit sozialer Probleme. Opladen, S. 19-57.

Becker, H./Eigenbrodt, J./May, M. (1984): Pfadfinderheime, Teestube, Straßenleben. Jugendliche Cliquen und ihre Sozialräume. Frankfurt a. M.

Becker, H./Hafemann, H./May, M. (1984): "Das ist unser Haus, aber ..." - Raumstruktur und Raumaneignung im Jugendzentrum. Frankfurt a. M.

Bernfeld, S. (1996 [1929]): Der soziale Ort und seine Bedeutung für Neurose, Verwahrlosung und Pädagogik. In: Bernfeld, S. (1996 [1929]): Sämtliche Werke, Bd. 1. Weinheim u. Basel, S. 255-272.

Böhnisch, L./Münchmeier, R. (1993): Pädagogik des Jugendraums. Zur Begründung und Praxis einer sozialräumlichen Jugendpädagogik. Weinheim u. München.

Boltanski, L./Chiapello, È. (2003): Der neue Geist des Kapitalismus. Konstanz.

Castells, M. (2003): Das Informationszeitalter, Bd. 1: Der Aufstieg der Netzwerkgesellschaft. Opladen.

Deinet, U. (1993): Raumaneignung in der sozialwissenschaftlichen Theorie. In: Böhnisch, L./Münchmeier, R. (1993): Pädagogik des Jugendraums. Zur Begründung und Praxis einer sozialräumlichen Jugendpädagogik. Weinheim u. München, S. 57-66.

Deinet, U./Krisch, R. (2002): Der sozialräumliche Blick der Jugendarbeit: Methoden und Bausteine zur Konzeptentwicklung und Qualifizierung. Opladen.

Duyvendak, J. W. (2004): Spacing Social Work? Möglichkeiten und Grenzen des Quartiersansatzes. In: Kessl, F./Otto, H.-U. (Hrsg.) (2004): Soziale Arbeit und Soziales Kapital. Zur Kritik lokaler Gemeinschaftlichkeit. Opladen.

Enquete-Kommission "Zukunft des Bürgerschaftlichen Engagements": Bürgerschaftliches Engagement: auf dem Weg in eine zukunftsfähige Bürgergesellschaft". BT-Drucksache 14/ 8900 vom 3. Juni 2002.

Farwick, A. (2003): Segregierte Armut und soziale Benachteiligung: zum Einfluss von Wohnquartieren auf die Dauer von Armutslagen. In: Informationen zur Raumentwicklung, Heft 3/4/2003, S. 175-185.

Frey, O. u. a. (Hrsg.) (2004): Handbuch Sozialraum. Opladen.

Giddens, A. (1988): Die Konstitution der Gesellschaft. Grundzüge einer Theorie der Strukturierung. Frankfurt a. M.

Hinte, W./Litges, G./ Springer, W. (1999): Soziale Dienste: Vom Fall zum Feld. Soziale Räume statt Verwaltungsbezirke. Berlin.

Kessl, F. (2004): Wer regiert den Sozialraum? Zur Kritik der pädagogischen Illusionen nahräumlicher Selbstbestimmung. In: DJI-Projektgruppe "Netzwerke im Stadtteil" (Hrsg.) (2004): Grenzen des Sozialraums. Wege aus dem Container: Perspektiven für Soziale Arbeit. Opladen.

Kessl, F./Otto, H.-U. (Hrsg.) (2004a): Soziale Arbeit und Soziales Kapital. Zur Kritik lokaler Gemeinschaftlichkeit. Opladen.

Kessl, F./Otto, H.-U. (Hrsg.) (2004b): Territorialisierung des Sozialen. Regieren über soziale Nahräume.

Klagge, B. (2003): Städtische Armut und kleinräumige Segregation im Kontext wirtschaftlicher und demographischer Bedingungen – am Beispiel von Düsseldorf, Essen, Frankfurt, Hannover und Stuttgart. In: Informationen zur Raumentwicklung, Heft 3/4/2003, S. 161-173.

Klatetzki, T. (1995): Flexible Erziehungshilfen. Ein Organisationskonzept in der Diskussion. Münster.

Koch, J. u. a. (2002): Mehr Flexibilität, Integration und Sozialraumbezug in den erzieherischen Hilfen: Zwischenergebnisse aus dem Bundesmodellprojekt Integra. Frankfurt a. M.

Kronauer, M. (1998): Armut, Ausgrenzung, Unterklasse: Über neue Formen der gesellschaftlichen Spaltung. In: Leviathan, 25. Jg., Heft 1/1998, S. 13-27.

Krummacher, M. u. a. (2003): Soziale Stadt, Sozialraumorientierung, Quartiersmanagement. Revitalisierung lokaler Sozialpolitik oder lokalpolitisch flankierter Sozialstaatsumbau. In: Neue Praxis, 33. Jg. Heft 6/2003, S. 569-584.

Kühn, D. (1999): Reform der öffentlichen Verwaltung: das Neue Steuerungsmodell in der kommunalen Sozialverwaltung. Köln.

Lanz, S. (2000): Der Staat verordnet die Zivilgesellschaft. In: Widersprüche, 20. Jg., Heft 78/2000, S. 39-51.

Läpple, D. (1991a): Essay über den Raum. Für ein gesellschaftswissenschaftliches Raumkonzept. In: Häußermann, H. u. a. (Hrsg.) (1991): Stadt und Raum. Pfaffenweiler, S. 157-207.

Läpple, D. (1991b): Gesellschaftszentriertes Raumkonzept. In: Wentz, M. (Hrsg.) (1991): Stadt-Räume. Frankfurt a. M. u. New York, S. 35-46.

Löw, M. (2001): Raumsoziologie. Frankfurt a. M.

May, M. (2001): Sozialraum: unterschiedliche Theorietraditionen, ihre Entstehungsgeschichte und praktische Implikationen. In: Widersprüche, 21. Jg., Heft 82/2001, S. 5-23.

Murböck, M. (2002): Stadtteile mit besonderem Erneuerungsbedarf – Eine Herausforderung für Sozialraumorientierung. In: Landschaftsverband Westfalen-Lippe, Fachberatung Jugendarbeit (Hrsg.) (2002): Sozialraumorientierung in der Jugendhilfe. Münster, S. 101-115.

Naschold, F. (1996): Ergebnissteuerung, Wettbewerb, Qualitätspolitik. Entwicklungspfade des öffentlichen Sektors in Europa. Modernisierung des öffentlichen Sektors, Sonderband 1. Berlin.

Natorp, P. (1925 [1899]): Sozialpädagogik: Theorie der Willenserziehung auf der Grundlage der Gemeinschaft. Stuttgart.

Otto, H.-U. (2002): Sozialraumorientierung in der Sozialen Arbeit. Interview von Benedikt Sturzenhecker und Fabian Kessl. In: Unsere Jugend, 54. Jg., Heft 9/2002, S. 375-380.

Projektgruppe "Netzwerke im Stadtteil – Wissenschaftliche Begleitung von E&C" (2002): Netzwerkstrukturen in sozialen Brennpunkten. Ergebnisse der Interviews mit Schlüsselpersonen in den Modellgebieten von E&C, 1. Teilbericht. Hrsg. v. Deutsches Jugendinstitut e.V. München.

Projektgruppe "Netzwerke im Stadtteil – Wissenschaftliche Begleitung von E&C" (2004): Grenzen des Sozialraums. Wege aus dem Container. Perspektiven für Soziale Arbeit. Opladen.

Reutlinger, C. (2001): Unsichtbare Bewältigungskarten von Jugendlichen in gespaltenen Städten. Sozialpädagogik des Jugendraumes aus sozialgeographischer Perspektive. Unveröffentlichte Dissertation an der Universität Dresden [erschienen bei Leske und Budrich 2003].

Riege, M./Schubert, H.(Hrsg.) (2002): Sozialraumanalyse: Grundlagen – Methoden – Praxis. Opladen.

Schneider, H. R. (2002): Arbeitshilfe zu qualitativen und aktivierenden Verfahren im Rahmen der Sozialraumanalyse in der Jugendhilfeplanung. Hrsg. v. Landschaftsverband Westfalen-Lippe. Münster.

Soja, E. W. (1989): Postmodern geographies. The reassertion of space in critical social theory. London u. New York.

Strasser, J. (2001): Leben oder Überleben. Wider die Zurichtung des Menschen zu einem Element des Marktes. Zürich.

Vaskovics, L. A. (Hrsg.) (1982): Raumbezogenheit sozialer Probleme. Opladen.

Vester, M. u. a. (2001): Soziale Milieus im gesellschaftlichen Strukturwandel. Zwischen Integration und Ausgrenzung. Frankfurt a. M.

Wehrheim, J. (2002): Die überwachte Stadt: Sicherheit, Segregation und Ausgrenzung. Opladen.

Werlen, B. (1995/1997): Sozialgeographie alltäglicher Regionalisierungen, zwei Bände. Stuttgart.

Winkler, M. (1988): Eine Theorie der Sozialpädagogik. Über Erziehung als Rekonstruktion der Subjektivität. Stuttgart.

Wohlfahrt, N./Dahme, H.-J. (2002): Sozialraumbudgets in der Kinder- und Jugendhilfe. Eine verwaltungswissenschaftliche Bewertung. Expertise für die Regiestelle des Bundesprogramms "Ent-

wicklung und Chancen junger Menschen in sozialen Brennpunkten". Hrsg. v. Bundesministerium für Familie, Senioren, Frauen und Jugend – BMFSFJ. Berlin.

Wolff, M. (2000): Integrierte Erziehungshilfen: eine exemplarische Studie über neue Konzepte in der
Jugendhilfe. Weinheim u. München.

Biografisches Fallverstehen

Beratung und Management als Elemente methodischen Handelns

Marianne Meinhold

Die Arbeitsfelder, Arbeitsformen und AdressatInnen der Sozialen Arbeit haben sich in den letzten zehn Jahren weiter ausdifferenziert und vervielfältigt. Neben Tätigkeiten in den klassischen Arbeitsfeldern (Jugend- und Sozialhilfe) bewältigen SozialarbeiterInnen heute auch Aufgaben wie Personalentwicklung, interkulturelles Training für mittlere Führungskräfte großer Unternehmen, Quartiers- und Fallmanagement. Mit der Erweiterung der Arbeitsfelder sind das Handlungswissen und die damit verbundenen handlungspraktischen Vorschläge bzw. Handlungsregeln oder Techniken gewachsen. Allerdings fehlen bislang Konzepte zur Integration dieser Wissensbestände, die unterschiedlichen wissenschaftlichen Quellen entstammen.

Ein besonderes Merkmal handlungspraktischer Vorschläge ist deren Mangel an Hinweisen, für welche Kontexte sie sich eignen könnten. Auch ist nicht immer zu erkennen, welche Ebenen und Phasen sie im Prozess des methodischen Handelns betreffen. Im vorliegenden Beitrag werden drei unterschiedliche Konzepte methodischen Handelns mit den jeweils daraus abgeleiteten Handlungsregeln beschrieben: „biografisches Fallverstehen, „lösungsorientierte Beratung" und „Management". Anschließend wird zu erörtern sein, für welche Kontexte diese Bündel von Handlungsregeln Orientierungshilfen geben könnten.

1 Begriffsklärung

Methodisches Handeln: Orientiert an der Weiterentwicklung früherer Definitionen heißt methodisch zu handeln „Aufgaben und Probleme der Sozialen Arbeit situativ, eklektisch und strukturiert, kriteriengeleitet und reflexiv zu bearbeiten, wobei man sich an Charakteristika des beruflichen Handlungsfeldes sowie am wissenschaftlichen Vorgehen orientieren sollte. Die Auswahl der Interventionen muss transparent und intersubjektiv überprüfbar sein und mit Blick auf die spezifische Aufgabe und in Koproduktion mit den Adressaten erfolgen" (Spiegel 2003, S. 96). Bei aller Unterschiedlichkeit der Konzepte und des Vorgehens umfasst der gesamte Prozess des methodischen Handelns die Phasen „Kontaktaufnahme incl. Aufbau einer Arbeitsbeziehung", „Assessment" bzw. „Situationsklärung" oder „Diagnose", „Zielfindung", „Planung", „Durchführung" und „Evaluation". Die hier vorgestellten methodischen Konzepte unterscheiden sich unter anderem darin, welchen dieser Phasen die größte Aufmerksamkeit gewidmet wird und wie die einzelnen Phasen aufeinander bezogen sind.

Konzepte für methodisches Handeln: Diese Konzepte entstehen aus der Kombination mehrerer Wissensbestände. In die Konzepte fließen wissenschaftlich fundierte Erklärungen, Wertorientierungen und erfahrungsbezogenes Handlungswissen ein. Die in Konzepten postulierten Wirkungszusammenhänge haben hypothetischen Charakter.

Handlungsregeln betreffen das „Wie" des Handelns auf vergleichsweise konkretem Niveau. Auch wenn Handlungsregeln so beschrieben werden, als seien sie eng mit dem jeweiligen Konzept methodischen Handelns verbunden, entstammen sie oftmals anderen wissenschaftlichen Disziplinen. Im Kontext von Beratung sind die Handlungsregeln manchmal so weitgehend konkretisiert, dass die für ein Konzept typischen Redewendungen beschrieben werden.

Kontext: „Mit den institutionellen Rahmenbedingungen verbinden sich offizielle Arbeitsaufträge für die Sozialarbeit. Diese beeinflussen und begrenzen die bevorzugten Problemwahrnehmungen des Sozialarbeiters und dessen Arbeitsformen sowie die Erwartungen der Klienten" (Meinhold 2002, S. 509 ff.). Das Ausmaß der Mitbestimmung, das KlientInnen im Verlauf des Hilfeprozesses ausüben können, wird großenteils vom institutionellen Kontext bestimmt. „Indem der hinter dem Helfer stehende gewaltige Apparat in jeder Hilfehandlung implizit mitrepräsentiert wird, erhält der Klient eine machtlose Stellung (...) zugewiesen" (Geser 1983, S. 214). Arbeitsweisen, die in einem Kontext sinnvoll und angemessen sind, können in einem anderen Kontext Risiken des Missverstehens in sich bergen (vgl. Schwabe 2000, S. 44 ff.). Kommen die KlientInnen freiwillig oder unfreiwillig zur sozialen Institution? Sind die KlientInnen die AuftraggeberInnen, oder handeln die SozialarbeiterInnen im Auftrag anderer Instanzen? Weitgehend unberücksichtigt geblieben ist bislang das Kontext-Element „Zeit". Wieviel Zeit steht den SozialarbeiterInnen zur Fallbearbeitung zur Verfügung; aber auch: Wieviel Zeit sind die Klientinnen bereit zu investieren?

Ressourcenorientierung: Jenseits aller konzeptionellen Unterschiede hat sich der Begriff „Ressourcenorientierung" als handlungsleitendes Arbeitsprinzip durchgesetzt. Der Begriff „Ressourcenorientierung" wird in den hier vorgestellten Konzepten sowohl zur Begründung als auch zur Legitimation des Vorgehens verwendet, wenn auch in unterschiedlicher Weise konkretisiert.

Ressourcenorientierung heißt:
a) „persönliche Ressourcen bei den beteiligten Personen und in deren Umfeld entdecken fördern und erweitern;
b) KlientInnen bei Bedarf zur Nutzung vorhandener Ressourcen anregen;
c) den Mangel an Ressourcen dokumentieren, bekannt machen und zu beheben suchen" (Meinhold 1998, S. 196).

Nach dieser Definition wäre ein ressourcenorientiertes methodisches Konzept als „unvollständig" und „unzureichend" zu bewerten, sofern es nur die Mikroebene der Interaktion von Fachkraft zu KlientIn regelt und die anderen Ebenen (Umfeld, Institution, Kommune) nicht zum Gegenstand methodischen Handelns macht.

In Bezug auf die darzustellenden Konzepte wird zu fragen sein:
• Wie schlüssig passen die Handlungsregeln zum Konzept, und wie umfangreich und vollständig ist das Repertoire an Handlungsregeln?
• Für welche Prozessschritte bzw. Phasen des methodischen Handelns sind die Handlungsregeln entwickelt worden?
• In welchen Kontexten können die genannten Handlungsregeln zur Anwendung kommen?
• Wie wird in diesen Konzepten „Ressourcenorientierung" konkretisiert?

2 Biografisches Fallverstehen

Die unter dem Begriff „biografisches Fallverstehen", „biografische Fallrekonstruktion" oder „rekonstruktive Fallanalyse" firmierenden Arbeitsansätze entstammen zum einen ethnografischen Konzepten (vgl. Glinka 2000), zum zweiten lassen sich in ihrem methodischen Vorgehen Verfahrensweisen der qualitativen Sozialforschung erkennen (vgl. Schütze 1993). Eine Fallarbeit, die sich an der ethnografischen Perspektive orientiert, basiert auf der Überzeugung, dass die Probleme des betroffenen Klienten der zuständigen Fachkraft grundsätzlich fremd sind. Durch die Fremdheitshaltung der Fachkraft und noch zu beschreibende Arbeitsschritte wird in der Begegnung mit dem Klienten ein Erkundungsprozess in Gang gesetzt, in dessen Verlauf eine Verständigung zwischen Fachkraft und Klient wachsen kann.

Zentrales Medium des biografischen Fallverstehens ist die autobiografische Erzählung des Klienten. Aus den biografischen Erfahrungen des Klienten lassen sich nach und nach die handlungsleitenden Sinnkonstruktionen erschließen. „Biografische Arbeit ist die Präsentation und Begründung des eigenen Lebensverlaufs, sie enthält eine in der Vergangenheit konstituierte und an die Gegenwart gebundene Deutung der KlientInnen" (Loch/Schulze 2002, S. 562).

Arbeitsschritte:
Die soziale Fachkraft schafft eine offene Gesprächssituation, indem sie die KlientInnen auffordert, etwas aus ihrem Leben zu erzählen. Durch aktives Zuhören und nonverbale Ermutigung unterstützt sie den Erzählfluss. Sie achtet darauf, den Erzählfluss nicht durch eigene Kategoriebildungen zu steuern. Bei Nachfragen bleibt sie im System der KlientInnen. Die gesamte Gesprächssituation folgt nicht einer problemzentrierten sondern einer biografischen Perspektive (vgl. Hanses 2000). Das aufwendige Auswertungsverfahren des transkribierten Interviews orientiert sich am Vorgehen zur Textanalyse narrativer Interviews (vgl. Rosenthal/ Fischer-Rosenthal 2000). Schritt für Schritt werden Hypothesen gebildet, Hypothesen überprüft und neue Hypothesen gebildet.

Kontext:
Die Durchführung einer rekonstruktive Fallanalyse erfordert in der Regel einen länger dauernden Kontakt zwischen Fachkraft und Klientel. Zur Anbahnung einer Verständigung zwischen SozialarbeiterIn und KlientIn braucht es Zeit. In den Beispielfällen zur Darstellung des Verfahrens befinden sich die betroffenen KlientInnen über einen längeren Zeitraum an Orten wie Rehabilitationskliniken oder Jugendheimen (vgl. Schreiber 1999). Die Fallanalyse fördert sowohl aufseiten der SozialarbeiterIn wie auch aufseiten der KlientIn eine Verständigung über die biografische Bedeutung der Problemlagen. Dabei kann es gelingen, KlientInnen zu kompensierenden Erfahrungen und zum Entdecken eigener Ressourcen anzuregen. Dennoch dürfte sich die biografische Fallanalyse im Phasenmodell des methodischen Handelns vorrangig für diagnostische Fragestellungen eignen, obgleich ein auf „Verständigung" ausgerichtetes Verfahren einen Komplexität reduzierenden diagnostischen Blick grundsätzlich ausschließt. Eine Ausnahme bilden die Verfahrensvorschläge von Klaus Mollenhauer und Uwe Uhlendorff (1995, S. 155): Hier ist eine „genaue und ausführliche Rekonstruktion der Lebensgeschichte (…) nachrangig". Die Interviewführung orientiert sich an einem Leitfaden, durch den das Gespräch vorsichtig thematisch gesteuert wird. Das protokollierte Interview wird mit dem Ziel ausgewertet, die Schwierigkeiten des Klienten zu deuten und „auf eine pädagogische Aufgabenstellung zu beziehen" (Mollenhauer/Uhlendorff 1995, S. 159).

Diskussion:

Zu fragen ist, wieweit sich ein optimal geeignetes sozialwissenschaftliches Forschungsinstrument für Kontexte der Sozialen Arbeit eignet. Zweifellos kann das biografische Erzählen von „heilenden Wirkungen" begleitet sein (Loch/Schulze 2002). Doch der Kontext, in dem sich methodisches Handeln ereignet, wird bestimmt durch „den Eigenwillen von Klienten, die Knappheit der Mittel und die Abhängigkeit von Mächten, die ihre Handlungsfreiheit einschränken" (Müller 2003, S. 267). Der Kontext ist aber nicht allein durch „Beschränkung" definiert, sondern liefert auch die Legitimation der Begegnung zwischen SozialarbeiterIn und KlientIn. Stellen wir uns eine Schwangerschaftskonfliktberatungstelle vor, in welcher eine zum Schwangerschaftsabbruch entschlossene Klientin beraten wird – ohne dass von dieser Klientin ein Beratungswunsch ausgeht. Aus welchem Grund sollte sich diese Klientin auf eine biografische Erzählung einlassen und sich vertrauensvoll ausliefern?

Auch in anderen Kontexten birgt die von einer Klientin erwartete Offenheit unkalkulierbare Risiken (vgl. Schreiber 2003). Bedenklich stimmt, wenn in Publikationen zum biografischen Fallverstehen den VertreterInnen anderer Handlungslehren verkürzte Sichtweisen unterstellt werden. Dann gerät die biografische Fallanalyse sogar als diagnostisches Verfahren in die Kritik: „Mit dem Anspruch der Objektivität in der Diagnose, mit dem einige Vertreter (insbesondere diejenigen, die sich an den Grundsätzen der Objektiven Hermeneutik orientieren ...) an die Hilfeplanung herangehen, gerät man trotz der zunächst auf Koproduktivität ausgerichteten Vorgehensweise schnell in den Status eines mit Wahrheitsanspruch auftretenden Experten" (Merchel 2003, S. 536).

3   Lösungsorientierte Beratung

„Beratung" scheint in den meisten Kontexten der Sozialen Arbeit eine zentrale Aufgabe zu sein. Folgerichtig haben sich viele der ehemaligen „Familienfürsorgestellen" der Jugendämter in „Sozialpädagogische Beratungsstellen" umbenannt (vgl. Lüssi 1991). Auch wenn Soziale Arbeit in keinem Fall auf Beratung reduziert werden sollte (vgl. Abschnitt 4.1), dürfte es kaum Kontexte geben, in denen nicht zu irgendeinem Zeitpunkt Beratungshandeln stattfindet.

Die nachfolgend beschriebene „lösungsorientierte Beratung" erfährt in den Fortbildungsinstituten und in der Praxis Sozialer Arbeit große Aufmerksamkeit.

3.1 Quellen des Handlungsrepertoires lösungsorientierter Beratung

Lange Zeit haben sich SozialarbeiterInnen in Deutschland bei ihren professionellen Gesprächsformen an der nicht-direktiven Gesprächstherapie von Carl G. Rogers orientiert (vgl. Heron 1990). Seit etwa 1980 ist das Repertoire an Gesprächsregeln durch eine Reihe neuer Konzepte erweitert worden:

a) das auf dem Neurolinguistischen Programmieren (NLP) basierende „Meta-Modell der Kommunikation" (Bandler/Grinder 1982).
b) das integrative Beratungsmodell von John Heron (1990; auf deutsch vgl. Murgatroyd 1994)
c) durch die systemische Familienberatung beeinflusste Gesprächsmuster.

Zu a: Bandler und Grinder, ein Linguist und ein Computerfachmann, suchten herauszufinden, was erfolgreich kommunizierende Therapeuten *tun,* welche *Techniken* sie anwenden und wie sie sich gegenüber ihren Klienten *verhalten,* und zwar unabhängig von der jeweiligen Theorie, der sie zu folgen glauben. Auf diese Weise haben sie eine Sammlung von erfolgreichen Kommunikationstechniken aus unterschiedlichen Konzepten zusammengestellt und daraus das sogenannte „Meta-Modell" entwickelt. Trotz der angeblichen *Theorielosigkeit* basieren die Vorgehensweisen, Regeln und Empfehlungen des Meta-Modells auf einer Reihe von Theoriefragmenten, die unter anderem bei Watzlawick, bei den Familientherapeuten Virginia Satir und John Haley oder in radikal konstruktivistischen Konzepten zu finden sind. Die wesentlichen Annahmen des Meta-Modells lauten: Erstens, das Bild, das sich Menschen von der Welt machen, spiegelt nicht die tatsächliche Welt wider, sondern die jeweils subjektiven Modelle von der Welt. Die subjektiven Modelle von der Welt sind weder „krank" noch „gesund", sondern mehr oder weniger nützlich, je nachdem wie sehr sie den einzelnen Menschen in seinem Erleben und Verhalten beschränken. Zweitens, Beschränkungen im Erleben und Verhalten sind in der Sprache eines Menschen repräsentiert und lassen sich anhand von sprachlichen Merkmalen erkennen, und zwar anhand von „Generalisierungen", „Tilgungen" und „Verzerrungen".Drittens, Generalisierungen sind an universellen Begriffen der KlientIn zu erkennen (*„alle", „immer", „nie", „ganz"*). Tilgungen können anhand von unvollständig spezifizierten Verben oder Nominalisierungen identifiziert werden (*„ich bekomme keine Anerkennung"*). Verzerrungen drücken sich in Behauptungen über nicht überprüfte Ursache-Wirkungszusammenhänge und über Verbote und Zwänge aus (*„Ich kann doch meiner Mutter nichts davon erzählen"*). Durch gezieltes Nachfragen (*„Was würde eigentlich passieren, wenn Sie es ihr sagen würden?"*) werden Klienten dazu angeregt, Denkblockaden zu öffnen und eine differenziertere Wahrnehmung der eigenen Situation zu erproben. Ergänzend zu den Regeln des „Hinterfragens" von Generalisierungen, Tilgungen und Verzerrungen enthält das Meta-Modell eine Reihe von Kriterien für sprachlich wohlgeformte Zielformulierungen.

Zu b: Als einer der ersten hat John Heron (1990) ein integratives Beratungsmodell vorgestellt. In diesem Modell beschreibt er zwei unterschiedliche Beratungsstile, die jeweils durch drei typische Gesprächsformen konkretisiert werden. Den einen Beratungsstil nennt er „autoritativ, stark lenkend": Mit diesem Stil verbinden sich Gesprächsformen wie das „Anleiten und Vorschreiben", welches angebracht ist, wenn ein Klient ein neues Verfahren z. B. autogenes Training erlernen möchte. Stark lenkend ist des weiteren das „Informieren", das dazu dient, einem Klienten zu verdeutlichen, welche Schritte zu unternehmen sind, um einen staatlich subventionierten Kindergartenplatz zu erhalten. Ebenfalls lenkend wirkt die „Konfrontation", durch die ein Klient beispielsweise eine direkte Rückmeldung über die Wirkung seines Verhaltens erfährt. Der zweite von J. Heron konzipierte Beratungsstil ist nicht-lenkend und soll „befähigend" und „unterstützend" wirken. Hierunter sind Gesprächsformen subsumiert, die die KlientInnen dazu anregen, ihre Emotionen und Bedürfnisse auszudrücken sowie ihre Perspektiven zu erweitern. Nach J. Heron können die nicht-lenkenden unterstützenden Gesprächsformen kathartisch, katalytisch und verstärkend wirken.Den meisten Gesprächsformen des Meta-Modells (s. o) lässt sich nach dem Modell von Heron eine katalytische Wirkung zuschreiben: Die KlientInnen gewinnen erweiterte Perspektiven auf die selbst und entdecken eigene Ressourcen.

Zu c: Aus der Vielzahl von Konzepten und den damit jeweils verbunden Gesprächsformen der systemischen Familienberatung seien nur diejenigen erwähnt, die im Kontext lösungsorientierter Beratung empfohlen werden. In der systemischen Familienberatung „werden Probleme als Teile sich wiederholender Handlungsabläufe gesehen, die einerseits das Problem aufrechterhalten und andererseits durch das Problem aufrecht erhalten werden" (Burnham 1995, S. 27). Die sich wiederholenden Handlungsabläufe sind mit den familientypischen Beziehungsmustern und Überzeugungen verknüpft. Diese lassen sich im Verlauf einer Familienberatung durch bestimmte Fragetypen – „zirkuläre Fragen" – sichtbar machen. Über derartige Fragen sind KlientInnen sind in der Lage zu erkennen, wie ihr Verhalten wichtige andere Menschen um sie herum beeinflusst, und auch wie sie selbst von anderen beeinflusst werden.

Eine Alkoholikerin kann beispielsweise folgendes gefragt werden: *„Was meinen Sie, würden Ihre Kinder sagen, was ihnen am besten gefällt, wenn Sie nüchtern sind?"* Oder: *„Wenn Ihre Tochter es erklären könnte, was würde sie sagen, hilft ihr, wenn sie Sie nüchtern erlebt?"* (vgl. Berg/Kelly 2001).

3.2 Konzepte lösungsorientierter Beratung

In Beratungskonzepten spiegeln sich die zugrundeliegenden Handlungs- oder Störungstheorien wider (vgl. Mutzeck 2001). Lösungsorientierte Beratungskonzepte folgen einem sozial-ökologischen Störungsmodell. Danach haben sich Störungen in einem Netz aus vergangenen und gegenwärtigen persönlichen und situativen Bedingungen entwickelt (vgl. Maple 1998). Chancen zur Veränderung liegen weniger im Aufdecken der nahezu undurchschaubar vernetzten Ursachen als vielmehr in der Stärkung und Erweiterung der problemlösenden Fähigkeiten und Ressourcen von KlientInnen. Vorherrschend ist die Überzeugung der BeraterIn, dass man eine Problemlösung am schnellstens dadurch erreicht, wenn man sich von Anfang an auf die Lösung und nicht auf das Problem konzentriert (vgl. Bamberger 2001; De Shazer 1989).

„Die ganze Kunst der Therapeuten besteht darin, den Klienten in seiner Phantasie zu beflügeln, so dass er Änderungsmöglichkeiten zu sehen vermag und damit bereits einen ersten Schritt in einem Veränderungsprozess unternommen hat" (Bamberger 2001, S. 13). Dabei spielt die Sprache der BeraterInnen eine entscheidende Rolle; denn die Sprache wirke an der Erschaffung der Wirklichkeit entscheidend mit. Die in anderen Konzepten übliche Problemanalyse fördere nur die Hilflosigkeit des Klienten und verstärke klagende Verhaltensmuster. Im Mittelpunkt der Beratungsarbeit steht der Entwurf von Lösungsszenarien. Schritt für Schritt werden die KlientInnen dazu angeregt, die lösungsrelevanten Ziele und Schritte zu formulieren und zu erproben sowie dabei vergangene Bewältigungsformen und Ressourcen zu aktivieren. Auf diese Weise wächst das Bewusstsein der KlientInnen bezüglich ihrer Selbstwirksamkeit und Autonomie.

Die Bücher zur lösungsorientierten Beratung enthalten eine Fülle von typischen Redewendungen, durch die KlientInnen ermutigt und befähigt werden, Problemlösungen zu entwerfen und die Ziele auf dem Weg dorthin präzise zu formulieren. Auch wenn nach diesen Konzepten diagnostische Fragestellungen auszublenden sind, erbringt das gemeinsame Aushandeln von Zielen und Feinzielen sowie die Suche nach Hindernissen und deren Überwindung auf dem Weg zum Ziel fundierte diagnostische Information. Anders als bei der biografischen Fallrekonstruktion fließt die gewonnene diagnostische Information unmittelbar in die Veränderungsplanung ein.

3.3 Diskussion

In einer dahinschwindenden Kultur Sozialer Arbeit, die das permanente problemorientierte Reflektieren zum Kern der beruflichen Identität erhoben hat, könnte der Begriff „Lösungsorientierung" auf Ablehnung stoßen. Die dem Zeitgeist geschuldete Tendenz, schnell und ergebnisorientiert zu arbeiten, erfordert Komplexitätsreduktionen, die dem Gegenstand der Arbeit nicht in jedem Fall gerecht werden. Allerdings bildet eine Komplexitätsreduktion im Handeln nicht zwangsläufig eine entsprechende Reduktion im Denken und Urteilen der BeraterInnen ab. Auch bei der biografischen Fallrekonstruktion hat die Erkenntnis gesellschaftlicher Ungleichheit als Nährboden für Probleme keine darauf hin fokussierten Veränderungsplanungen zur Folge. Wolfgang Geiling (2002, S. 84) plädiert in einer differenzierten Kritik am lösungsorientierten Vorgehen für eine Integration von Problem- und Lösungsorientierung: „Der methodische Vorschlag lösungsorientierten Arbeitens im Spannungsfeld zwischen Hilfe und Kontrolle bietet interessante Anregungen für SozialarbeiterInnen in Arbeitsfeldern mit kontrollierenden Aspekten. Die konsequente Ressourcenorientierung – auch und gerade in diesen schwierigen professionellen Kontexten – kann einen Beitrag zur Kooperationsbereitschaft von zu Beginn unfreiwilligen KlientInnen leisten und einen Prozess von Kontrolle in Richtung Hilfe begünstigen". In der Tat haben Kim Insoo Berg und Susan Kelly (2001) als exponierte VertreterInnen lösungsorientierter Beratung ihr Konzept und die damit verbundenen Handlungsregeln im Kontext eines Kinderschutzsystems dargestellt. Dieses System ist in den USA durch umfassende Meldepflichtregelungen auf Ermittlung und Kontrolle hin ausgerichtet. I. K. Berg und S. Kelly (2001) setzen sich damit auseinander, wie qualifizierte Prognoseentscheidungen in der Frage, in welchem Maß das Wohl des Kindes gefährdet ist, von SozialarbeiterInnen fachlich verantwortlich getroffen werden können. Dabei geben sie praktische Anregungen für eine lösungsorientierte Arbeit für Kinder und Eltern, um ihnen in akuten Krisen Unterstützung, Entlastung und Schutz zu bieten sowie neue Perspektiven für sich zu entwickeln.

Die von Richard Bandler und John Grinder (1982) kontextfrei formulierten Redewendungen, die als Handlungsregeln in das lösungsorientierte Konzept eingeflossen und erweitert worden sind, können offensichtlich in beliebig anderen Kontexten Anwendung finden. Bereits R. Bandler und J. Grinder (1982) haben aber darauf hingewiesen, dass die jeweilige BeraterIn die Wirkung der Redewendungen anhand von verbalen und nonverbalen Äußerungen der KlientIn beobachten soll, um problematische Nebenwirkungen zu erkennen. Handlungsleitend wären in diesem Fall die Ziele der KlientIn bzw. im Fall der von I. K. Berg und S. Kelly vorgestellten Kinderschutzorganisation ein von allen beteiligten Personen und Institutionen zu akzeptierendes Ziel zu finden. Das Gesprächsrepertoire der lösungsorientierten Beratung könnte in Hilfeplanprozessen eine ressourcenorientierte Beziehungsgestaltung fördern und die Prozesse der Zielfindung unterstützen. Darüber hinaus eignet sich dieses Repertoire auch für Kontexte, in denen andere Adressaten – beispielsweise VertreterInnen von Institutionen oder Unternehmen – zu Perspektivwechseln angeregt werden sollen.

4 Management

„Der Begriff *Management* wird in unserem Sprachgebrauch heute weit über seine wirtschaftliche Bedeutung hinaus verwendet" (Horak/Heimerl-Wagner 1999, S. 144). „Management" beinhaltet die zielorientierte Steuerung eines Vorhabens oder eines Unternehmens, d. h. es geht darum, Ziele zu definieren, deren Umsetzung zu planen, durchzuführen und zu evaluieren. Jenseits der wirtschaftlichen Bedeutung lässt sich unter den Begriff „Management" eine Vielzahl von Aktivitäten subsumieren, die von SozialarbeiterInnen durchgeführt werden.

Zur Regelung des zielorientierten Gestaltens stehen eine Reihe von Management-Konzepten und Techniken zur Verfügung, die teils empirisch begründet sind, teils wechselnden Moden folgen (vgl. Gessner 2003). Diese Management-Techniken sollen jene Wahrnehmungs- und Denkprozesse erleichtern, die beim Planen, Organisieren und Evaluieren zu bewältigen sind.

In die Managementlehre fließen Forschungsergebnisse aus Psychologie, Soziologie, Politologie und Rechtswissenschaft ein, d. h. aus Disziplinen, auf die sich auch die Soziale Arbeit beruft. Darüber hinaus wird das Management noch von den Ingenieurswissenschaften geprägt, sofern Managementaufgaben produktionstechnische Bereiche betreffen. Diese enge Verbindung zwischen Ingenieurswissenschaften und Management hat Sprachformen hervorgebracht, die technizistisch und damit sozialarbeitsfremd anmuten. Der Management-Begriff ruft in der Sozialen Arbeit zumindest dann ambivalente Gefühle hervor, wenn sich Soziale Arbeit unter einer Management-Perspektive plötzlich Kosten-Nutzen-Beurteilungen, Qualitätsvergleichen und Fragen nach der Wirksamkeit ausgesetzt sieht. Die Frage nach den Ergebnissen sozialarbeiterischen Handelns ist nicht neu (vgl. Heiner 1988). Allerdings sind die Ansprüche von Öffentlichkeit und Leistungsträgern an die Erfolgsbeurteilungen gestiegen (vgl. Stockmann 2000). Im vielen Bereichen der Sozialen Arbeit ist es lange Zeit versäumt worden, realitätsgerechte Kriterien zu entwickeln, um fachfremden Instanzen selbstbewusst zu vermitteln, was durch Soziale Arbeit zu erreichen ist und was nicht bewirkt werden kann (vgl. Meinhold/Matul 2003). „Denn pädagogisches Handeln bewirkt eben nicht zuverlässig, was es intendiert, und beschreibbare erwünschte Effekte gehen nicht unbedingt auf pädagogisches Handeln zurück" (Honig 2002, S. 221).

Dass die Integration wirtschaftlichen Denkens in die Soziale Arbeit nicht zwangsläufig eine Unterordnung des „Sozialen" unter das Ökonomische oder einen Verlust der ideellen Ziele zur Folge haben muss, hat Christoph Badelt in mehreren Publikationen erörtert (vgl. Badelt 1997). C. Badelt (1997, S. 326) versteht unter „wirtschaftlichem Denken ein Denken, das Entscheidungen über die Verwendung von knappen Ressourcen in den Mittelpunkt stellt. Wirtschaftlich handelt demgemäß, wer seine knappen Mittel so einsetzt, dass sie ein möglichst gutes Ergebnis erzielen". Somit könnte es eine Reihe gemeinsamer Anliegen von Wirtschaft und Sozialem geben.

Trotz der Kontroversen um das „Management-Denken" in der Sozialen Arbeit erfreuen sich Fort- und Weiterbildungen zum Sozialmanagement großer Beliebtheit. Es gibt zahlreiche Anlässe für die Attraktivität von Management-Qualifikationen. Zum einen hoffen die Interessenten, mit dem neuen Handwerkszeug im Bemühen um finanzielle Zuwendungen erfolgreich zu sein. Zum Zweiten sind im Verlauf von Verwaltungsmodernisierungen ökonomische Führungselemente auf den Bereich der öffentlichen Verwaltung übertragen worden. Dabei ist allerdings nicht zu erwarten, dass die Dominanz des Verwaltungsdenkens in vielen Bereichen der Sozialen Arbeit durch eine Dominanz ökonomischen Denkens abgelöst wird. Da sich die Prinzipien der „Neuen Steuerungsmodelle" nur schwerlich auf die Arbeitsbereiche der Sozialen Arbeit übertragen lassen, erfolgt die Umstellung oftmals zögerlich und bruchstückhaft. Daraus kann eine sich eigenartige Mischung aus Verwaltungshandeln und betriebswirtschaftlichen Etiketten ergeben. Neben diesen eher durch äußerlichen Druck entstandenen Motivationen zum Kompetenzerwerb im Sozialmanagement erkennen die TeilnehmerInnen derartiger Fortbildungen aber auch die Chancen, die sich ergeben können, wenn das neue Wissen eine bessere Bewältigung sozialer Aufgaben zu leisten verspricht. Die Themenbereiche der Fortbildungen zum Sozialmanagement betreffen in der Regel die folgenden Bereiche:

- Aufbau und Erhalt sozialer Dienste und Angebote (z. B. Projektmanagement, Finanzierung, Controlling, Rechtsformen)
- Auf potenzielle Stakeholder gerichtete Aktivitäten (z. B. Sozialmarketing, Öffentlichkeitsarbeit, Vernetzung)
- Auf die Entwicklung der Organisation gerichtete Aktivitäten (z. B. Organisationsentwicklung, Personalentwicklung, Führung, Qualitätsmanagement)
- Arbeitspraktische Hilfen (z. B. Selbstmanagement, Verhandlungsführung)

Es ist unbestritten, dass Führungskräfte in der Sozialen Arbeit von derartigen Fortbildungen profitieren können. Darüber hinaus sehen sich durch die zunehmende Dezentralisierung von Verantwortung auch nachgeordnete MitarbeiterInnen gezwungen, vergleichbare Qualifikationen zu erwerben.

Die bislang beschriebenen Bereiche des (Sozial-)Management betreffen im weitesten Sinne Kompetenzen für die Organisation sozialer Dienste (vgl. von Spiegel 2002). Jenseits dieser Bereiche gilt es im Folgenden darzulegen, dass Management-Kenntnisse auch für die Fallarbeit unverzichtbar sind.

4.1 Managementaufgaben in der Fallarbeit

Im Phasenmodell des Case-Management gibt es die Elemente „Vermittlung und Durchführung der Dienstleistungen, Hilfen und Maßnahmen" (vgl. Seidel u.a. S. 139); diese Elemente können ohne Managementfertigkeiten nicht abgearbeitet werden.

Unabhängig von Kontexten und Zielgruppen erfordert die Organisation von Hilfeprozessen, die sich an den Zielen, Bedürfnissen und dem Bedarf von Klienten orientieren, unterstützende Aktivitäten, die über vertrauensvolle Gesprächssituationen oder bloße Beratung hinausgehen.

Diese „unterstützenden Aktivitäten" umfassen sowohl erfahrungsgeleitetes Alltagshandeln als auch Managementfertigkeiten, wie am folgenden Projekt-Beispiel zu veranschaulichen ist.

Das Projekt ist im Kontext einer Beratungsstelle eines Trägers für Berufsbildung in den neuen Bundesländern entstanden. Die projektverantwortliche Autorin Heidi Kästner (2003) hatte in Gesprächen mit jungen allein erziehenden Müttern ohne Berufsausbildung erfahren, dass diese Mütter vor allem ihre Abhängigkeit von Sozialhilfe als bedrückend erlebten, weil dieser Zustand keine Aussicht auf Veränderung zu versprechen schien. Eine Verbesserung der Situation könnte für die Mütter durch eine Vermittlung in ein Arbeitsverhältnis erreicht werden; doch ohne Berufsausbildung würden sie chancenlos bleiben. Nach einem Brainstorming mit Kollegen, dem Ideenscreening und der Ideenbewertung plante die Autorin ein Projekt, das die Vermittlung der jungen Mütter in reguläre Ausbildungsplätze zum Ziel hatte.

In Kontakten mit SozialarbeiterInnen der zuständigen Sozialdienste stieß die Autorin allerdings mit ihrem Vorhaben auf Ablehnung. Die angesprochenen SozialarbeiterInnen in mehreren Bezirken des Bundeslandes hielten die Angehörigen der Zielgruppe für unmotiviert und unfähig, eine Berufsausbildung durchzuhalten. Diese schwierige Anfangsphase der Projektrealisierung erbrachte dennoch Informationsgewinn: Die Autorin erkannte, dass es nicht ausreichen würde, Ausbildungsplätze zu vermitteln, sondern dass die Ausbildung eine Begleitung durch flankierende Maßnahmen erforderte.

In Gesprächen mit den betroffenen Müttern entstand das Konzept für flankierende Maßnahmen. Bereitzuhalten waren: Kinderbetreuung im Krankheitsfall eines Kindes, eine Ansprechpartnerin für unvorhergesehene Fälle und zur Vermittlung in Konflikten mit dem Arbeitgeber sowie ein Verkürzung des Arbeitstages auf sechs Stunden. Letzteres hat sich im Verlauf des Projekts nicht realisieren lassen. Es wurde ein Träger gefunden, der die flankierenden Maßnahmen zu organisieren versprach. Schließlich erklärte sich ein örtliches Arbeitsamt bereit, das Projekt zu unterstützen. Dank der flankierenden Maßnahmen konnten eine Reihe mittelständischer und Kleinbetriebe gefunden werden, die einen Ausbildungsplatz anboten.

4.2 Diskussion

Die methodischen Handlungsformen, die zur Realisierung des Projekts beigetragen haben, betreffen Gesprächsformen aus den Konzepten zur lösungsorientierten Beratung sowie Handlungsregeln zum Projektmanagement und erfahrungsgeleitetes Alltagshandeln. Die erwähnten Gesprächsformen könnten sich sowohl bei den Erkundungsgesprächen mit den Müttern wie auch als Grundlage für die Verhandlungen mit den sozialen Diensten und den potenziellen Arbeitgebern bewähren. Sofern genügend Zeit zur Verfügung stände, hätten die Erkundungsgespräche auch durch Elemente biografischen Erzählens möglicherweise gehaltvoller verlaufen können. Angesichts der Ablehnung, die die Autorin durch die angesprochenen SozialarbeiterInnen in den zuständigen Diensten erfahren hat, könnte man die Förderung einer „ethnografischen Fremdheitshaltung" als unverzichtbares Element für die Ausbildung von SozialarbeiterInnen empfehlen.

Jenseits des beschriebenen Beispiels stimmen wir mit Hiltrud von Spiegel (2002, S. 589 ff.) darin überein, dass sich der Fokus Sozialer Arbeit verschiebt und „die Lebenswelt der Adressatinnen selbst zum Ausgangspunkt professionellen Handelns" zu machen ist. Zur Erschließung von Ressourcen für KlientInnen braucht es neben den bekannten sozialarbeitstypischen Handlungsformen immer auch Managementfertigkeiten. Die Ausgestaltung von Hilfeprozessen erfordert die Integration von biografischem Erzählen mit Beratungshandeln, Vermittlung, Planung und Steuerung auf der Grundlage überprüfbarer Indikatoren (vgl. Pies/ Schrapper 2003). Die Bearbeitung von Aufgabenstellungen in den typischen Kontexten Sozialer Arbeit zeichnet sich gerade durch eine Integration personennaher Handlungsformen mit Alltagshandeln und Managementfertigkeiten aus (vgl. Schuldnerberatungsstellen oder das Fallmanagement der Sozialämter). Auf dem Weg zur Erschließung von Ressourcen für und mit KlientInnen werden SozialarbeiterInnen hin und wieder das komfortable Beratungszimmer zu verlassen haben.

Literatur

Badelt, C. (1997): Sozialmanagement – Ein kontroverses Konzept zur Integration von wirtschaftlichem und sozialem Denken. In: Soziale Arbeit 46 (Heft 10 /11), S. 326-337.

Bamberger, G.G. (2001): Lösungsorientierte Beratung. Weinheim.

Bandler, R./Grinder, J. (1981) Metasprache und Psychotherapie – Die Struktur der Magie. Paderborn.

Berg, I.K./Kelly, S.(2001): Kinderschutz und Lösungsorientierung. Dortmund.

Burnham, J.B. (1995): Systemische Familienberatung. Eine Lehr- und Praxisanleitung für soziale Berufe. Weinheim.

De Shazer, S. (1989): Der Dreh: Überraschende Wendungen und Lösungen in der Kurzzeittherapie. Heidelberg.

Geiling, W. (2002): Möglichkeiten und Grenzen lösungsorientierter Beratung und Therapie. In: Neue Praxis 32 (Heft 1), S. 77-94.

Geser, H. (1983): Grundriss einer allgemeinen (aber praxisnahen soziologischen Theorie des Helfens. In: Staub-Bernasconi, S./v. Passavant, C./Wagner, A. (Hrsg.) (1983): Theorien und Praxis der Sozialen Arbeit. Bern S. 217-246.

Gessner, W. (2003): Wissenschaft oder Mode ? – Das Dilemma der Managementkonzeptionen. In: Organisationsentwicklung 22 (Heft 2), S. 4-11.

Glinka, H.-J. (2000): Ethnographische Fallarbeit. Vortragsmanuskript der Fachtagung: Sozialpädagogisches Fallverstehen und sozialpädagogische Diagnostik in Forschung und Praxis. Universität Koblenz-Landau. April 2000.

Hanses, A. (2000): Biographische Diagnostik in der Sozialen Arbeit. In: Neue Praxis 30 (Heft 4), S. 357-379.

Heiner, M. (Hrsg.) (1988): Selbstevaluation in der Sozialen Arbeit. Freiburg:

Heron, J. (1990): Helping The Client. London.

Honig. M.-S. (2002): Pädagogische Qualität als erziehungswissenschaftliches Problem. In: Neue Praxis 32 (Heft 3), S. 216-230.

Horak, C./Heimerl-Wagner, P. (1999): Management in NPOs – eine Einführung. In: Badelt, C. (Hrsg.) (1999): Handbuch der Nonprofit Organisation. Strukturen und Management. Stuttgart, S. 139-152.

Loch, U./Schulze, H. (2002): Biografische Fallrekonstruktion im handlungstheoretischen Kontext der Sozialen Arbeit. In: Thole, W. (Hrsg.) (2002): Grundriss Soziale Arbeit. Opladen, S. 559 - 576.

Lüssi, P. (1991) Systemische Sozialarbeit – Praktisches Lehrbuch der Sozialberatung. Bern.

Kästner, Heidi (2003): Rhythmus – Berufliche Lebensplanung für junge Mütter. Projektarbeit im Masterstudiengang „Soziale Arbeit als Menschenrechtsprofession". Berlin (unveröffentlicht).

Maple, F. F. (1998): Goal-Focuses Interviewing. London.

Meinhold, M. (1998): Ein Rahmenmodell zum methodischen Handeln. In: Heiner, M. u. a. (Hrsg.) (1998): Methodisches Handeln in der Sozialen Arbeit. Freiburg, S. 184-217.

Meinhold, M. (2002) Über Einzelfallhilfe und Case Management. In Thole, W. (Hrsg.) (2002): Grundriss Soziale Arbeit. Opladen, S. 509-521.

Meinhold, M./Matul, C. (2003): Qualitätsmanagement aus der Sicht von Sozialarbeit und Ökonomie. Baden-Baden.

Merchel, J. (2003): „Diagnosen" in der Hilfeplanung: Anforderungen und Problemstellungen. In: Neue Praxis 33 (Heft 6), S. 527- 542.

Mollenhauer, K./Uhlendorf, U. (1995): Sozialpädagogische Diagnosen. Bd. 2, München.

Müller, B. (2003): Selbstbestimmung und professionelle Autonomie. Neue Praxis 33 (Heft 3), S. 265-269.

Müller, B. (1999): Lebendiges Wissen und totes Wissen. Neue Praxis 29 (Heft 4), S. 383-394.

Murgatroyd, S. (1994): Beratung als Hilfe. Eine Einführung für helfende Berufe. Weinheim.

Mutzeck, W. (2001): Kooperative Beratung. Weinheim.

Pies, S./Schrapper, C. (2003): Hilfeplanung als Kontraktmanagement? In: Neue Praxis 33 (Heft 6), S. 585-592.

Rosenthal, G./Fischer-Rosenthal, G. (2000): Analyse narrativ-biographischer Interviews. In: Flick, U./Kardorff, E. v./Steinke, I. (Hrsg.) (2003): Qualitative Forschung. Ein Handbuch. Reinbek b. Hamburg, S. 456-468.

Schaarschuch, A. (1999): Theoretische Grundelemente Sozialer Arbeit als Dienstleistung. In: Neue Praxis 29 (Heft 6) S. 543-560.

Schnur, J. (2001): Wenn der Computer klingelt. Neue Praxis 31 (Heft 2) S.107-112.

Schreiber, W. (1999) Bildungskonzepte und Bildungswiderstände in der Arbeit mit psycho-sozial belasteter Klientel. In: Neue Praxis 29 (Heft 5), S. 457-470.

Schütze, F. (1993): Die Fallanalyse. In: Rauschenbach, T./Ortmann, F. /Karsten, M.-E. (Hrsg.) (1993): Der sozialpädagogische Blick. Weinheim, S. 191-221.

Schwabe, M. (2000): Achtung „Kontext" – Über einige Schwierigkeiten als systemisch inspirierter Sozialarbeiter in der eigenen Praxis zurechtzukommen. In: Kontext – Zeitschrift für Familientherapie. Bd. 31 (1) S. 42-57.

Seidel, G. u. a. (1996): Methodische Prinzipien des Unterstützungsmanagements. In: Wissert, M. u. a. (Hrsg.) (1996): Ambulante Rehabilitation alter Menschen. Freiburg, S. 136-151.

Sommerfeld, P./Haller, D. (2003): Professionelles Handeln und Management. In: Neue Praxis 33 (Heft 1), S. 61-89.

Spiegel, H. v. (2002): Methodisches Handeln und professionelle Handlungskompetenz im Spannungsfeld von Fallarbeit und Management. In: Thole, W. (Hrsg.) (2002): Grundriss Soziale Arbeit. Opladen, S. 589-602.

Spiegel, H.v. (2003): Methodisches Handeln in der Sozialen Arbeit. Begleitmaterial zum Modul „Methodisches Handeln" im Studiengang Bachelor of Arts (Soziale Arbeit) (BASA online) Fulda, Potsdam, Koblenz (unveröffentlicht).

Stockmann, R. (2000): Methoden der Wirkungs- und Nachhaltigkeitsanalyse: Zur Konzeption und praktischen Umsetzung. In: Müller-Kohlenberg, H./Münstermann, K. (Hrsg.) (2002): Qualität von Humandienstleistungen. Opladen, S. 89-98.

Thole, W. (Hrsg.) (2002): Grundriss Soziale Arbeit. Opladen.

Evaluation und Selbstevaluation in der Sozialen Arbeit

Hildegard Müller-Kohlenberg

1 Evaluation ist in Handlungsfeldern der Sozialen Arbeit (fast) zur Selbstverständlichkeit geworden

Die Frage, ob sozialpädagogische Bemühung zu den erhofften Ergebnissen führe, blieb lange Zeit ungewiss und ungeprüft. Binnen kurzer Zeit hat sich Evaluation und Selbstevaluation jedoch rasant durchgesetzt. Auch bereits vor der „Wende" zur Evaluation bestand Interesse an Wirkungen und Erträgen der eigenen Arbeit; es gab aber disziplinübliche Überzeugungen, die eine exakte Nachverfolgung eventueller Veränderungen entbehrlich erscheinen ließen: Erstens hätten, so die These, erfahrene PädagogInnen oder SozialarbeiterInnen meist ein sicheres Gefühl von Erfolg, Teilerfolg oder Misserfolg ihres Tuns. Das Phänomen ist als „Evidenzerlebnis" bekannt. Seine subjektive Überzeugungskraft korreliert aber nicht allzu hoch mit objektivierbaren Daten. Soweit untersucht, neigen SozialarbeiterInnen eher dazu, ihre Erfolge zu *unter*schätzen (z. B. Projektgruppe WANJA 2000, S. 237; Kraimer/Müller-Kohlenberg 1990, S. 170 ff.). Es kommt zweitens hinzu, dass Zielvisionen in Handlungsfeldern der Sozialarbeit und Pädagogik meist fallbezogen und individuell formuliert werden, was zu Zweifeln an einer verallgemeinerbaren Messbarkeit und an (sozial)-wissenschaftlichen Prüfverfahren führte. Ein drittes Hindernis, die Ergebnisse kritisch zu erfassen, lag in der Blickrichtung. Lange wurde nicht auf die Folgen – sondern in umgekehrter Richtung – geschaut: auf die Voraussetzungen, d. h. auf die Ausbildung, die Fachlichkeit der AkteurInnen. Diese wurden als Garant für gute Qualität der Arbeit angesehen.

Die sich nunmehr ausbreitende Akzeptanz von Evaluation ist keineswegs nur auf Druck von „oben" oder „außen" zustande gekommen; die Disziplin hat sich auch aus innerer Dynamik seit etwa 15 Jahren in kritischer und selbstkritischer Absicht mit der Qualität ihrer Arbeit und deren Resultaten befasst. Einen ersten Anstoß bildete die Entwicklung in den USA, die bereits Jahre zuvor gerade in pädagogischen Programmen evaluierend tätig geworden war. Aber auch das zunehmend wissenschaftlich orientierte Selbstverständnis des Faches verlangte nach internen Regeln, die über subjektive Gewissheit hinausgehende Nachweise der Effekte und Erfolge dokumentieren sollten. Wären diese Entwicklungen nicht bereits eingetreten, bevor Forderungen nach Evaluation und Leistungskontrolle von Seiten der Administration gestellt wurden, hätten diese vermutlich kaum Chancen gehabt, so rasch in die Alltagskultur fast sämtlicher pädagogischer Einrichtungen einzudringen. Der Weg wurde zusätzlich durch die Einsicht geebnet, dass unter „Evaluation" üblicherweise Programmevaluation zu verstehen ist und nur selten Personalevaluation oder Institutionenevaluation. Da es in der Sozialarbeit schwerpunktmäßig um die Bewertung und Verbesserung von Maßnahmen, Projekten oder Materialien geht, weniger dagegen um die Bewertung einzelner Personen oder Einrichtungen (was als Akkreditierung oder Ranking bezeichnet wird), wurde das Engagement weiter verstärkt und anfängliche Kontrollbefürchtungen zerstreuten sich allmählich. SozialarbeiterInnen und PädagogInnen machten die Evaluation zunehmend zu ihrer eigenen Sache: der Zweig der Selbstevaluation entstand. Dieser wird vorwiegend in den Sozialen Dienstleistungen und der Schule praktiziert – auch, aber weniger, in außerpädagogischen Feldern – und ist ursprünglich eher eine Angelegenheit des deutschsprachigen Raums (vgl. Heiner 1988; Spiegel 1993). Insofern verlangt eine Darstellung der Evaluation in der Sozialen Arbeit die Zweigleisigkeit von Fremd- und Selbstevaluation.

2 Fremdevaluation als „Normalfall" von Evaluation?

In den meisten Politikfeldern wird überwiegend Fremdevaluation, auch als externe Evaluation bezeichnet, angewendet (z. B. in der Agrarpolitik, Strukturpolitik, Umweltpolitik, im Verwaltungshandeln, der Regionalentwicklung usw.). Die Termini „Evaluation" und „Fremdevaluation" sind dort weitgehend synonym. Die bekannt gewordene, bewusst zunächst umgangssprachlich gehaltene Definition, wonach Evaluation bedeutet, dass irgend etwas von irgend jemandem nach irgendwelchen Kriterien in irgendeiner Weise bewertet wird (vgl. Kromrey 1995, S. 313-336), ist hinsichtlich des „irgend jemand" meistenteils dahingehend zu konkretisieren, dass ein/e SpezialistIn oder EvaluatorIn mit der Sache beauftragt wird. Es handelt sich dabei um Fachleute, die sich sowohl im zu bewertenden Handlungsfeld auskennen, wie auch in den Methoden der Evaluation. Als Doppelqualifizierte stehen erst allmählich genügend ExpertInnen dieser Art zur Verfügung.[1]

Da es Aufgabe der EvaluatorInnen ist, nach einem festzulegenden Evaluations-Design Aussagen über Wert und Qualität eines vereinbarten Gegenstandes

---

1   Weiterbildungsstudiengänge zu EvaluationsexpertInnen werden u. a. an den Universitäten Saarbrücken und Bern angeboten

(des Evaluandums) durchzuführen, haben diese Aktionen oft weitreichende Konsequenzen. Im Falle einer summativen Evaluation, die im Anschluss an eine Programm- oder Projektphase durchgeführt wird, hängt nicht selten der Fortbestand des evaluierten Objekts vom Ergebnis ab. Auch bei formativen Evaluationen, deren Zweck die Verbesserung des Untersuchungsgegenstandes ist und die deshalb parallel zur Durchführung der Maßnahme stattfindet, können unter Umständen einschneidende Änderungen der Arbeitsweise durch die Evaluatoren gefordert werden. In beiden Fällen wird dem von außen kommenden Evaluationsteams nicht ohne Beklommenheit entgegengesehen. Ist ihren Urteilen so weit zu vertrauen, dass man die eigene Arbeit, zumindest die liebgewordene Routine, in Frage stellen lassen will? Und welchen Prüfstein hat man in der Hand hinsichtlich einer einwandfrei und objektiv durchgeführten Evaluation? Evaluationen sind nicht einfach angewandte Wissenschaft, sondern „eine eigenständige Methode wertender Analyse, die sich auf den Balanceakt zwischen Wissenschaft und Politik spezialisiert hat" (Beywl 1988, S. 135). Gerade der Anteil an „Politik" ist es, der Evaluationen aus Sicht der Beteiligten und Betroffenen unkalkulierbar macht. Da die für Sozialwissenschaften geltenden Gütekriterien für Evaluationen nur in begrenztem Umfang Geltung haben – Evaluation ist eben nicht deckungsgleich mit Wissenschaft – wurde die Erarbeitung von Standards erforderlich. Dieser Prozess begann in den USA wesentlich früher als in Deutschland und Europa – wie überhaupt die Evaluationspraxis um Jahrzehnte früher in den USA Fuß fasste. Das „Joint Committee" startete seine Arbeit an Standards im Jahr 1975. Die erste Fassung wurde 1981 vorgelegt und ab 1989 einem Revisionsprozess unterzogen. Betrachtet man im „Handbuch der Evaluationsstandards" (vgl. Sanders 1999) zugrunde gelegte Ausgabe, so hat das Joint Committee on Standards for Educational Evaluation fast zwanzig Jahre an der Entwicklung von Standards – einschließlich der Revisionsperioden – gearbeitet. Die Deutsche Gesellschaft für Evaluation,[2] die es sich zur Aufgabe gemacht hat, eine für Deutschland brauchbare Version von Evaluationsstandards zu entwickeln, benötigte zur Vorlage ihrer Standards[3] zwar nur etwa drei Jahre, konnte sich hierbei jedoch auf die grundlegenden Vorarbeiten aus den USA stützen.

Eine Verständigung auf Standards erlaubt, dass für die Evaluationsbeteiligten und -betroffenen eine gewisse Sicherheit in Bezug auf handwerkliche Verlässlichkeit und Unparteilichkeit angenommen werden kann. Das Regelwerk erfüllt

---

2   Die Deutsche Gesellschaft für Evaluation (DeGEval) findet sich im Internet unter: www.degeval.de
3   Hierbei handelt es sich um eine vorläufige Fassung. Zu beziehen über: Deutsche Gesellschaft für Evaluation, Büscheler Weg 27, 53347 Alfter oder: info@degeval.de.

bereits bei den Vertragsverhandlungen eine wichtige Funktion zur Klärung der Erwartungen, Voraussetzungen und Konsequenzen. An einigen Beispielen soll die Funktion von Evaluationsstandards für Qualität und Nutzen von Evaluationen in der Sozialen Arbeit erläutert werden.

3   Ein Regelwerk für die Durchführung von externen Evaluationen (Fremdevaluationen)

Mit der steigenden Zahl von Evaluationen steigt auch der Anspruch an deren Qualität und praktische Brauchbarkeit. Die Standards der DeGEval sollen es ermöglichen, nützliche, praktikable, faire und genaue Evaluationen systematisch zu planen und durchzuführen. Sie sollen die Qualität von Evaluationen sichern und den öffentlichen Dialog darüber fördern.

Das Werk besteht aus 25 Einzelstandards, die nach Gruppen gegliedert sind. Hinsichtlich der Textsorte handelt es sich um „Sollensaussagen", d. h. die Formulierungen sind so gewählt, dass dem im Titel genannten Thema (Name des Standards) eine Aussage zur Verbindlichkeit der Vorgehensweise als Soll-Formulierung entspricht. Ein Beispiel: „Vollständigkeit und Klarheit der Berichterstattung" (Name des Standards N6). „Evaluationsberichte sollen alle wesentlichen Informationen zur Verfügung stellen, leicht zu verstehen und nachvollziehbar sein" (Text des Standards N6).

Das Regelwerk besteht aus vier Gruppen von Standards:

- Aus der ersten Gruppe entstammt das Beispiel N6. Diese Gruppe von Standards bezieht sich auf die *Nützlichkeit* von Evaluationen. Es soll sichergestellt werden, dass die Evaluation sich am Evaluationszweck orientiert und dem Informationsbedarf der vorgesehenen NutzerInnen Rechnung trägt.
- Die zweite Gruppe bezieht sich auf die *Durchführbarkeit* einer Evaluation. Die drei Standards aus diesem Bereich sollen gewährleisten, dass eine Evaluation gut durchdacht und realistisch in Bezug auf Zielsetzung und Methode ist. Es werden ferner Aspekte der Effizienz und der Akzeptanz angesprochen. Standard D2 lautet beispielsweise: „Evaluationen sollen so geplant und durchgeführt werden, dass möglichst hohe Akzeptanz der verschiedenen Beteiligten und Betroffenen in bezug auf Vorgehen und Ergebnisse der Evaluation erreicht werden kann."
- Gegenstand der Gruppe *Fairness* sind Fragen des korrekten und respektvollen Umgangs zwischen den Beteiligten und Betroffenen. Die fünf Sollensaussagen beziehen sich auf transparente Vereinbarungen der Vertragspartei-

en, den Schutz von Sicherheit und Rechten der Teilnehmer und enthalten die Aufforderung, Evaluationen unparteiisch durchzuführen. Der Standard F2 bezieht sich beispielsweise auf den Schutz individueller Rechte: „Evaluationen sollen so geplant und durchgeführt werden, dass Sicherheit, Würde und Rechte der in eine Evaluation einbezogenen Personen geschützt sind".

• Die letzte Gruppe von Standards – zur *Genauigkeit* – soll sicherstellen, dass eine Evaluation gültige bzw. „richtige" Ergebnisse hervorbringt. Sie richtet sich insbesondere auf die sinnvolle Beschaffung von Informationen und die praktische Vorgehensweise bei Evaluationen und ihren Schlussfolgerungen. Standard G8 verlangt z. B.: „Die in einer Evaluation gezogenen Folgerungen sollen ausdrücklich begründet werden, damit die Adressatinnen und Adressaten diese einschätzen können".

Externen EvaluatorInnen bzw. ein Evaluationsteam sind typischerweise Außenstehende, deren Glaubwürdigkeit durch die Standards unterstützt werden soll. Geregelt werden deshalb die Arbeitsweise wie z. B. Informationsbeschaffung, Interpretation, Kommunikation, Berichterstattung und ein Vorgehen lege arte, damit der Blick von außen auf ein Programm oder eine Maßnahme zu überzeugenden und begründeten Urteilen kommt.

4 Regeln für Selbstevaluation

In der Selbstevaluation ist einiges, wenn auch nicht alles, anders. Der grundsätzliche und weitreichende Unterschied zur Fremdevaluation besteht in der Doppelrolle der ProjektmitarbeiterInnen als EvaluatorInnen. Die Ergebnisse der Arbeit werden von denjenigen evaluiert, die diese Fakten und Resultate selbst produzieren. Keine Rede also vom objektiven Blick von außen oder von einer unparteilichen Betrachtung! Die SelbstevaluatorInnen sind Richter in eigener Sache, Prüfer und Geprüfte, Revisor und „Kassenwart" in einem. Selbstevaluation ist ein Verfahren, so sollte man meinen, das keinerlei Aussichten auf Anerkennung in einer Fachwelt hat, die auf Objektivität Wert legt. Trotzdem hat sie sich in einigen Handlungsfeldern rapide ausgebreitet. Bedenken hinsichtlich der Aussagekraft dieses explizit subjektiven Verfahrens sind in der Praxis gegenüber den Positiva in den Hintergrund getreten. Vorteile der Selbstevaluation sind die Vertrautheit mit den Interna des Arbeitsfeldes, die unmittelbare Integrationsmöglichkeit der Ergebnisse in den Alltag, die Qualifizierung der MitarbeiterInnen sowie die Spannung und Neugier auf Antworten für selbst gestellte Fragen. Selbstevaluation wird z. B. bei über Dreiviertel von 1.500 befragten Einrichtungen der beruflichen Weiterbildung als Methode bei der Qualitätssicherung eingesetzt (vgl. Balli u. a. 2002). Auch in Schulen, Einrichtungen der Jugendhilfe oder Kindergärten wird Selbstevaluation vielfach durchgeführt. Das Verfahren trifft demnach auf breite Akzeptanz – jedenfalls bei denjenigen, die die Doppelrolle aktiv betreiben. Aber wie ist es um die Akzeptanz bei Entscheidungsträgern, Sponsoren oder Vorgesetzten bestellt? Die Methode der Selbstevaluationen wird von diesen durchaus kritisch gesehen. Sie wird bisweilen sogar als unglaubwürdig erachtet, weil die Befürchtung mitschwingt, die selbstevaluierte Arbeit werde im Sinne des Erwünschten präsentiert, „schön gefärbt". Die Stärken eines selbstkritischen Vorgehens bei der Bewertung der eigenen Arbeit sind jedoch inzwischen auch außerhalb der unmittelbar beteiligten Zirkel erkannt, so dass es nun darauf ankäme, die Methode nach wissenschaftlichen und pragmatisch-sachlichen Maßstäben zu stabilisieren. Ein Regelwerk, das die Subjektivität zulässt, zugleich aber einseitigen Verzerrungen bei Erhebung oder Interpretation entgegentritt, kann die Vorteile einer selbstkritischen Evaluation hervorheben und diese mit dem Anspruch eines begründeten und fundierten Urteils verbinden. Insofern sind Regeln in diesem Rahmen wohl noch notwendiger als bei Fremdevaluationen.

In der Deutschen Gesellschaft für Evaluation wird deshalb ein Set von Richtlinien entwickelt, das zwar an den allgemeinen „Standards für Evaluation" orientiert ist, gleichwohl aber an die Erfordernisse der Selbstevaluation angepasst ist (vgl. Müller-Kohlenberg/Beywl 2003).

Die Besonderheiten der Selbstevaluation verlangen einige Abweichungen von den Vorgaben der allgemeinen Standards unter Beibehaltung der Zielsetzung, d. h. die Qualität von Selbstevaluationen soll gesichert und verbessert werden.

Die Richtlinien für Selbstevaluation berücksichtigen folgende Gesichtspunkte:

- Mehr noch als bei Fremdevaluation berücksichtigen die Richtlinien für Selbstevaluation, dass die Informationsgewinnung störungsarm in den Alltag integriert werden muss. Die Doppelrolle bringt auch eine Doppelbelastung mit sich, wodurch Projekte der Selbstevaluation oft kleiner und fokussierter ausfallen als externe Evaluationen.
- Eine völlig unparteiische Evaluation kann schlechterdings nicht erwartet werden. Wohl aber ist die Arbeitsweise (der Einrichtung, des Programms usw.) so offen wie möglich zu präsentieren.
- Eventuell bestehende Differenzen zwischen den Beteiligten sind explizit zu benennen.
- Da die methodischen Anforderungen die in der Selbstevaluation engagierten MitarbeiterInnen nicht überfordern dürfen, nehmen die Formulierungen Rücksicht auf diese Beschränkung. (Methodisch aufwändige Verfahren verlangen eine Kombination von Selbstevaluation und Fremdevaluation).

- Auch die Tatsache, dass die Ergebnisse i. d. R. zeitnah als formative Evaluation genutzt werden sollen, führt zu entsprechenden Regelungen.

- Schließlich ergeben sich aus dem zwiefachen Ziel der Selbstevaluation, dass die Ergebnisse nämlich sowohl der Programmoptimierung wie der Weiterqualifizierung der Beteiligten dienen sollen, Besonderheiten des Vorgehens.

Die Konstruktion der Richtlinien für die Selbstevaluation strebt an, dass die erwähnten Dimensionen „Nützlichkeit", „Durchführbarkeit", „Fairness" und „Genauigkeit" auch unter den besonderen Bedingungen dieses Verfahrens möglichst optimiert werden. Vier Gruppen von Sollensaussagen konkretisieren Anforderungen, die an qualitativ gute Selbstevaluationen idealerweise zu richten sind. Sie gelten als „Soll-Standards" (orientiert an den allgemeinen DeGEval –Standards). Damit ist zugleich gesagt, dass Abweichungen davon durchaus akzeptabel sind, soweit Änderungen oder Auslassungen wohlüberlegt sind und begründet werden. Dies bedeutet hinsichtlich der „*Nützlichkeit*", dass z. B. ein konstruktiver Umgang mit Fehlern in einem Klima der Transparenz und Toleranz gefordert wird, und dass unterschiedliche Auffassungen über die Grundlagen von Werturteilen offen gelegt werden sollen. Es soll durch die Planung und Durchführung der Selbstevaluation sichergestellt werden, dass Neugier auf die Ergebnisse geweckt wird, und dass diese zur Verbesserung des praktischen Handelns und der eigenen Weiterqualifizierung genutzt werden. Die Bedürfnisse der Zielgruppen, für die die Einrichtung bzw. das Team arbeitet (die der AdressatInnen), sollen ferner bewusst berücksichtigt werden, um eine nützliche Selbstevaluation zu erhalten.

Insbesondere bei selbstinitiierten Selbstevaluationen hängt die „*Durchführbarkeit*" oft von einer ressourcenbewussten Planung ab. Die Wirtschaftlichkeit des Verfahrens spielt zwar auch bei Fremdevaluationen eine Rolle; Selbstevaluationen, die in Eigenaktivität in Angriff genommen werden, sind in dieser Hinsicht jedoch oftmals besonders eng kalkuliert. Neben diesen ökonomischen Friktionen wird die Durchführbarkeit auch davon tangiert, ob Einwände nach einem geregelten Verfahren beachtet und berücksichtigt werden. Da Konsensbildung wünschenswert ist, soll – im Falle unterschiedlicher Meinungen im Team – der Herstellung von Akzeptanz durch diplomatisches Vorgehen ein hoher Stellenwert eingeräumt werden.

Besonders wichtig ist der Aspekt der „*Fairness*" und findet entsprechend in den Richtlinien Berücksichtigung. Dabei geht es einerseits um persönliche Rechte (Persönlichkeitsrechte, Arbeitnehmerrechte, Datenschutz) wie in den Allgemeinen Standards, andererseits aber auch um die Gewährleistung der weiteren kollegialen Zusammenarbeit im Team. Die Durchführung der Selbstevaluation sollte von gegenseitiger Wertschätzung und von Respekt geprägt sein. Dazu gehört auch, sich rechtzeitig darauf zu einigen, wie die Ergebnisse behandelt werden. Gibt es ein Recht zur Stellungnahme? An wen werden sie weitergegeben? Zur „*Genauigkeit*" gehört in erster Linie eine präzise Beschreibung des Evaluationsgegenstandes. In Selbstevaluationen bedeutet das die Verständigung darüber, was im Team als verbesserungswürdig und klärungsbedürftig angesehen wird. Das Regelwerk betont, dass dies als ein Aushandlungsprozess zu gestalten ist. Selbstverständlich gilt das auch für die Schlussfolgerungen und Konsequenzen aus den Ergebnissen.

Der deutlichste Unterschied zwischen den Allgemeinen Standards und dem Regelwerk zur Selbstevaluation besteht in den acht „*Muss-Standards*", die zusätzlich zu den „*Soll-Standards*" konzipiert wurden. Diese umreißen die Bedingungen, die unerlässlich für einen praktikablen und sinnvollen Selbstevaluationsprozess sind. Vor allem wenn es um eine delegierte oder veranlasste Selbstevaluation geht – sei es durch gesetzliche Vorgaben, durch Vorgesetzte oder durch Finanziers – müssen diese Erfordernisse als Rahmenbedingungen eingehalten werden. Sofern dies nicht sichergestellt werden kann, ist es sinnvoller, auf eine Selbstevaluation zu verzichten bzw. eine Fremdevaluation in Auftrag zu geben. Die „Muss-Standards" basieren auf folgenden Überlegungen:

In einem Klima der Disharmonie oder kollegialer Spannungen können Selbstevaluationen kaum durchgeführt werden. Deshalb ist eine Atmosphäre des gegenseitigen Vertrauens und der Transparenz notwendig. Dazu gehört auch eine Klärung der Rollen zwischen Leitung, Evaluationsteam und möglicher, weiterer Beteiligter; die Budgetierung von finanziellen Ressourcen und evtl. ist auch die teilweise Dienstbefreiung einzelner MitarbeiterInnen auszuhandeln. Unerlässlich ist es ferner für Selbstevaluationen, dass den MitarbeiterInnen des Evaluationsteams (die zugleich für die praktische Arbeit zuständig sind) Entscheidungsspielraum für eine selbständige Evaluationsplanung und -durchführung eingeräumt wird. Sie können dabei durch Fachleute unterstützt werden. Darunter ist auch zu verstehen, dass die Verantwortung für die Qualität der Arbeit – zumindest zeitweise – auf die selbstevaluiernden Personen delegiert wird. Voraussetzung für eine Optimierung der Praxis ist ferner eine grundsätzliche Veränderbarkeit der Arbeit, die prinzipiell in einem ergebnisoffenen Prozess in Frage zu stellen ist. Ebenfalls unerlässlich sind Vereinbarungen zwischen Leitungsebene und Evaluationsteam. Hierbei können die Richtlinien eine nützliche Handreichung sein und als Dialoginstrument oder Aid Memoir für die einzelnen Planungsschritte der Selbstevaluation dienen.

5 Empowerment-Evaluation – ein Spezifikum der Sozialen Arbeit

Empowerment-Evaluation fragt danach, ob Interessen von Personen oder Personengruppen in der Gesamtheit der Stakeholder systematisch ausgeblendet oder unterbewertet werden. Sie geht zurück auf David Fetterman (1995), der explizit ein Modell zugunsten der Entrechteten und Marginalisierten entwickelte. In seiner Betrachtung ist das aber keineswegs völlig identisch mit den Adressaten der Programme. Diese Sichtweise ist nicht unumstritten. So haben sich D. Stufflebeam, M. Scriven und M. Q. Patton unabhängig voneinander kritisch damit auseinandergesetzt und – aus unterschiedlichen theoretischen Positionen heraus – Einwände und Bedenken formuliert (vgl. Debatte in „*Evaluation Practice*" 1995-1997). Ziel der Empowerment-Evaluation ist es „*to help people help themselves and improve their programs using a form of self-evaluation and reflection*" (Fetterman 2000, S. 2 f). Damit wird deutlich, dass dieses Programm auf die Qualifizierung der Mitarbeiter, bzw. des Teams abzielt. Da aber im Empowerment-Ansatz eine mögliche soziale, psychologische oder politische Schieflage bzw. Benachteiligung beseitigt und eine zusätzliche Stärkung der Einflussreicheren im Evaluationsgeschehen gerade verhindert werden soll, stellt D. Fetterman (vgl. 2000, S. 6)die Entrechteten bzw. Machtlosen (*the „disenfranchised"*) als diejenigen heraus, die durch die Empowerment-Evaluation gestärkt werden sollen. Das können zwar die AdressatInnen der Programme sein, er weist aber ausdrücklich darauf hin, dass die Zielgruppe nicht darauf beschränkt ist: Benachteiligte seien bis in die oberen Ränge von Regierung und Wirtschaft zu finden.

Im Kontext wird deutlich, dass er in erster Linie an die MitarbeiterInnen in den zu evaluierenden Einrichtungen denkt. Das ist die Personengruppe, die D. Fetterman im und durch den Prozess der Evaluation stärken möchte, damit sie ihre Aufgabe möglichst kompetent erledigen kann. Insofern fällt in dieser Denkrichtung Selbst-Evaluation und Empowerment letztlich weitgehend zusammen. Das Evaluationsteam ergreift sowohl im Empowerment-Paradigma wie auch im transformativ/emanzipativen Evaluations-Paradigma Partei für die Interessen derer, die sich weniger gut artikulieren können und entfernt sich damit bewusst vom klassisch-objektiven Konzept, in dem die EvaluatorInnen den Gegenstand distanziert bewerten – im Extrem nach dem Ideal des sozialwissenschaftlichen Experiments. Die emanzipative Kraft liegt nach dieser Philosophie darin, Evaluationskompetenzen als Basiskompetenz zu betrachten, über die nach Möglichkeit die gesamte Bevölkerung verfügen sollte – so wie Lesen und Schreiben (vgl. Fetterman, 2000, S. 18). Insofern ist es nur folgerichtig, dass D. Fetterman als Methode der Wahl die Selbstevaluation nennt. Jeder soll in die Lage versetzt werden, seine oder ihre Arbeitsresultate selbst zu evaluieren. Diese Idee (sofern sie durchführbar ist) enthält sicher viel „Empowerment" – aber wie steht es mit der AdressatInnenperspektive? Wenn wir die AdressatInnen konsequent als die NutzerInnen der Programme und Angebote Sozialer Arbeit betrachten, so stoßen wir hinsichtlich der Selbstevaluationskompetenz an Grenzen: NutzerInnen sind u. a. Kinder und Jugendliche, Behinderte, Menschen mit geringer Bildung oder Menschen in Krisensituationen. All diesen ist es nicht zumutbar, das Evaluationsgeschäft im Sinne der Selbstevaluation zu betreiben. Vielmehr kommt es darauf an, Wege zu beschreiten, die es den EvaluatorInnen ermöglichen, die Perspektive der NutzerInnen bzw. AdressatInnen zu ermitteln.

6   Zur Professionalität von Evaluatoren und Evaluatorinnen

Zur Durchführung von Selbstevaluationen wird man im Sinne der Definition keine professionellen EvaluatorInnen benötigen (es sei denn als BeraterInnen). Die Frage nach der professionellen Kompetenz von EvaluatorInnen wird aber uneinheitlich beantwortet, wenn es um das Arbeitsfeld der Fremdevaluation geht. Muss ein Evaluator, der beispielsweise ein Programm zur Schuldnerberatung evaluiert, oder eine Evaluatorin, die Entsprechendes bei einem Kurs zur Sprachtherapie macht, das Fach soweit beherrschen, dass sie als ExpertInnen gelten können? Oder gibt es den für die verschiedensten Fragen einsetzbaren EvaluationsexpertInnen, welche die Rohdaten nach Regeln und Standards so aufbereiten, dass ein stets nützliches und brauchbares Evaluationsergebnis dabei herauskommt? Die US-amerikanische Evaluationstheoretikerin Barbara Lee hält es für ausgeschlossen, dass es einen Evaluationsgeneralisten geben könnte: „…*there may be no such a creature as a general parctice evaluator"* (Lee 2000, S. 127-164).

Die angedeutete Doppelqualifikation lässt zunächst die Frage offen, wie die fachlichen und evaluationsspezifischen Anteile zu gewichten sind. Ausbildungsangebote für Evaluation setzen im Allgemeinen darauf, dass die BewerberInnen bereits einen Abschluss erworben haben und verstehen sich daher als Weiterbildungsstudiengang. Ob diese Erwartung an BerufsevaluatorInnen ein Dilemma oder eine Chance ist, mag offen bleiben. Die Evaluationsdisziplin hat sich mit dem Phänomen arrangiert.

Die Deutsche Gesellschaft für Evaluation ist interdisziplinär strukturiert; konnte aber schon wenige Jahre nach ihrer Gründung nicht darauf verzichten, fachspezifische Arbeitskreise einzurichten. Ihre Tagungen und Veröffentlichungen sind daher fächerübergreifend mit Schwerpunktsetzungen in unterschiedlichen Politikfeldern.

Die seit 2002 erscheinende „Zeitschrift für Evaluation"[4] ist ebenfalls interdisziplinär konzipiert. Neben Schwerpunktsetzungen aus unterschiedlichen Themenbereichen werden dort auch zentrale Probleme der Evaluationsforschung so behandelt, dass sie für LeserInnen unterschiedlichster fachlicher Herkunft gewinnbringend sind.

Bislang sind die Selbstevaluations-Kräfte vor allem in den Sozialen Dienstleistungen, in Schule und Unterricht zu finden; ferner bestehen Initiativen in der Entwicklungszusammenarbeit und im Gesundheitswesen. Es wäre eigentlich eine interessante Frage, ob das Interesse an den Wirkungen des eigenen Tuns auch in Feldern wie der Kriminal- und Justizpolitik, dem Verbraucherschutz oder dem betrieblichen Management, um nur einige zu nennen, eines Tages so groß wird, dass sich auch dort Zirkel für die Selbstevaluation bilden.

Literatur

Balli, C. u. a. (Hrsg.) (2002): Qualitätsentwicklung in der Weiterbildung. Zum Stand der Anwendung von Qualitätssicherungs- und Qualitätsmanagementsystemen bei Weiterbildungsanbietern. Heft 62 der wissenschaftlichen Diskussionspapiere der BIBB. Bonn.

Beywl, W. (1988): Zur Weiterentwicklung der Evaluationsmethodologie. Frankfurt a. M., S. 135.

Heiner, M. (Hrsg.) (1988): Selbstevaluation in der Sozialen Arbeit. Freiburg i. B.

Joint Committee on Standards for Educational Evaluation, J. R. Sanders (Hrsg.) (2002): Handbuch der Evaluationsstandards. Deutsche Ausgabe bearbeitet und ergänzt von Wolfgang Beywl, Thomas Widmer und James R. Sanders, Opladen.

Kraimer, K./Müller-Kohlenberg, H. (1990): Ehrenamtliche Jugendgerichtshilfe. Eine qualitative Studie zu Verlaufs-, Beziehungs- und Handlungsstruktur in Betreuungsweisungen nach § 10 JGG. In: Recht der Jugend und des Bildungswesens, 1990, Heft 2, S. 170 ff.

Kromrey, H. (1995): Evaluation. Empirische Konzepte zur Bewertung von Handlungsprogrammen und Schwierigkeiten ihrer Realisierung. In: Zeitschrift für Sozialisationsforschung und Erziehungssoziologie, 1995, Heft 15, S. 313-336.

Müller-Kohlenberg, H./Beywl, W. (2003): Standards der Selbstevaluation – Begründung und aktueller Diskussionsstand. In: Zeitschrift für Evaluation, 2003, Heft 1, S. 65-75.

Patton, M. Q. (1997): Toward Distinguishing Empowerment Evaluation and Placing it in a Larger Context. In: Evaluation Practice, 18. Jg., 1997, Heft 2, S. 47-163.

Projektgruppe WANJA (2000): Handbuch zum Wirksamkeitsdialog in der Offenen Kinder- und Jugendarbeit. Qualität sichern, entwickeln und verhandeln. Münster.

Lee, B. (2000): Theories of Evaluation. In: Stockmann, R. (Hrsg.) (2000): Evaluationsforschung. Grundlagen und ausgewählte Forschungsfelder. Opladen, S. 127-164.

Scriven, M. (1997): Empowerment Evaluation Examined. In: Evaluation Practice, 18. Jg., 1997, Heft 2, S. 165-175.

Spiegel, H. v. (1993): Aus Erfahrung lernen. Qualifizierung durch Selbstevaluation Münster.

Stufflebeam, D.: Empowerment Evaluation, Objectivist Evaluation and Evaluation Standards. Where the Future Evaluation Should Not Go and Where It Needs to Go. In: Evaluation Practice, 15 Jg., Heft 3, S. 321-338.

---

4   Hrsg. von R. Stockmann u. a., VS Verlag für Sozialwissenschaften.

Sozialpädagogische Diagnose

Burkhard Müller

Sozialpädagogische Diagnose war unter dem Namen „Soziale Diagnose" (amerik. „Social Diagnosis") zentraler Leitbegriff für die Anfänge der Professionalisierung Sozialer Arbeit.[1] Mary Richmond (1917) und Alice Salomon (1926), die an sie anschloss, verstanden unter sozialer Diagnose eine umfassende fachliche Kompetenz, die Soziale Arbeit, von einer Tätigkeit die Armut bekämpfte, zu einer Arbeit gemacht habe, „die der Wirksamkeit des Arztes, des Lehrers, des Richters zum Erfolg verhilft, die das Leben der Menschen gesünder, besser, inhaltsreicher machen" sollte (Salomon 1926, S. 6). „Diagnose" enthielt hier eine definitorische Fassung, die dem Alltagsverständnis des Begriffes sehr nahe kommt.danach ist Diagnose eine *ExpertInnenaufgabe*, bei der es um praktische Probleme geht, die mit Mitteln des einfachen, gesunden Menschenverstandes nicht zu klären sind, wohl aber mit spezifischer ExpertInnenkompetenz. Es wird zweitens unterstellt, dass es *definierte Maßstäbe* oder Sollzustände gibt, an denen man messen kann, wann das Problem beseitigt oder reduziert ist; und schließlich wird unterstellt, dass *Instrumente* verfügbar sind, die dann zur Behebung der diagnostizierten Probleme eingesetzt werden können. Dieses Verständnis von Diagnose lässt sich gut auf die medizinische Tätigkeit, auch auf die von JuristInnen oder für technische ExpertInnenaufgaben aller Art verwenden. Aber das kleine Zitat von A. Salomon (1926) zeigt schon, wo die Schwierigkeiten liegen, wenn man diesen Begriff von Diagnose auf Soziale Arbeit anwendet. Lassen sich die hier gemachten Versprechungen wirklich einlösen? Oder ist es Hochstapelei, zu versprechen, der Wirksamkeit von Medizin, Schule und Justiz zum Erfolg zu verhelfen und zugleich das Leben der Menschen gesünder, besser und inhaltsreicher machen zu wollen? Passen diese Ziele überhaupt zusammen? Gibt es Maßstäbe, an denen man messen kann, ob irgendetwas dafür erreicht wurde? Haben SozialpädagogInnen überhaupt das Recht, sich mit solchen Zielen in das Leben von Menschen und in die Aufgaben anderer Professionen einzumischen?

---

[1] Ich verwende im Folgenden den Begriff „sozialpädagogisch" für die wissenschaftlichen und professionellen Konzepte sozialer Arbeit, während ich den Begriff „Soziale Arbeit" für die Summe der Felder benutze, auf denen sozialpädagogisch Handelnde tätig sind.

1   Drei Arten von Ansätzen für sozialpädagogische Diagnose

Blickt man dem gegenüber auf die heutige Diskussion zur sozialpädagogischen
Diagnose, so findet man viel Selbstzweifel an solchen Versprechungen, einige
Versuche neu zu bestimmten, was „sozialpädagogische Diagnose" heißt und insgesamt eine unübersichtliche Diskussionslage. Versucht man diese zu beschreiben, so kann man in etwa folgende Positionen unterscheiden.

- Zum einen gibt es Versuche (vgl. Petermann 2002; Harnach-Beck 1999), den
  klassischen Begriff der sozialen Diagnose im genannten Sinn von ExpertInnendiagnose – oft wird auch von psycho-sozialer Diagnose geredet – wieder zu beleben. „Ausgangsthese ist, dass eine Hilfe nur dann personen- und
  problemangemessen erbracht werden kann, wenn zuvor eine möglichst
  große Klarheit gewonnen wird über die subjektiv und objektiv bestehenden
  Problemlagen, deren Entstehungsbedingungen, die Bedürfnisse des Kindes/
  Jugendlichen und seiner Familie, ihrer Motivation, Veränderungen in Angriff zu nehmen, ihre Lösungskompetenzen ebenso wie ihre Bewältigungs-
  schwierigkeiten und ihre Wünsche oder Tolerierungsbereitschaften hinsichtlich möglicher Interventionen" (Harnach-Beck 1999, S. 27). Gegen das Ziel
  „möglichst großer Klarheit" ist gewiss nichts einzuwenden. Darüber, wie
  es zu erreichen ist und ob die vorgeschlagenen, meist psychologischen Klä-
  rungsinstrumente dafür geeignet sind, die „objektiven" Problemlagen und
  die subjektive Sicht der Betroffenen und Beteiligten in Einklang zu bringen,
  ist ziemlich unklar.
- Einer entgegen gesetzten Position kann man diejenigen zuordnen, die grund-
  sätzliches Misstrauen gegen den Anspruch formulieren, überhaupt „objektive" Definitionen von Problemlagen geben zu wollen und statt dessen darauf
  zu verweisen, dass soziale Probleme immer Definitionssache seien und deshalb nur in Aushandlungsprozessen, nicht aber aus einer Objektivität bean-
  spruchenden Expertensicht geklärt werden könnten. Friedhelm Peters (1999,
  S. 17) z. B. warnt vor dem Machbarkeitswahn, der mit dem Diagnosebe-
  griff verbunden sei: Es würden damit „falsche Signale gesetzt, die geeignet
  sind, notwendig zu erhaltende Komplexität vorschnell zu vereinfachen". Es
  sei besser von „Fallverstehen" zu reden (vgl. Peters 1999). Tim Kunstreich
  geht so weit, die verbreitete Praxis der psychosozialen Diagnose als „üble
  Nachrede" zu beschreiben, die mit Etiketten wie „erziehungsunfähig" für
  Eltern, „gruppenunfähig" für schwierige Kinder hantiere, statt sich wirklich
  auf deren Probleme einzulassen (Kunstreich 2003, S. 7 f.; vgl. dazu auch die
  Debatte über „Neo-Diagnostik im selben Heft der Zeitschrift „Widersprüche").

• Die dritte Position kann man vor allem mit den von Klaus Mollenhauer und Uwe Uhlendorff (1992, 1995, 1997) verfassten Bänden über „Sozialpädagogische Diagnosen" in Verbindung bringen. Sie betonen im Gegenzug zu einem diagnostischen Denken, welches „objektive" Problemlagen zu ermitteln sucht, die Notwendigkeit einer „hermeneutisch", d. h. sinnverstehenden Diagnose. Das erstgenannte verfahre „subsumptionslogisch" (Mollenhauer/ Uhlendorff 1992, S. 26); es versuche individuelle Problemlagen oder Verhaltensweisen allgemeineren Kategorien einzuordnen, „erkenntnislogische" Erklärungen für ein Problem, ein Verhalten zu finden; die andere Vorgehensweise versuche gerade die Verallgemeinerungen zurück zu stellen und die „affektlogischen" und individuellen Bedeutungen ins Blickfeld zu rücken (Mollenhauer/Uhlendorff 1992, S. 23). Das je Eigene, Besondere des jeweiligen Falles, besser gesagt, der jeweiligen Lebenslage und Selbstdeutung eines Adressaten oder einer Adressatin soll dadurch sichtbar werden, statt sie nach irgendeinem Schema zu behandeln.

Die erste dieser Positionen nähert sich – ähnlich wie die klassischen Modelle der sozialen Einzelhilfe – einem therapeutischen Verständnis von Diagnose an: SozialarbeiterInnen sollen demnach ein Problem, das ihre KlientInnen „haben" möglichst objektiv identifizieren und dann in Zusammenarbeit mit diesen *behandeln*. Die zweite Position geht eher von einer *Verhandlungsaufgabe* aus: Unterschiedliche Arten von Lebensentwürfen und Verhaltenserwartungen müssen vermittelt und zu fairen Kompromissen gebracht werden: Etwa zwischen „erfolgreichen und braven" und „weniger erfolgreichen und braven" BewohnerInnen eines Quartiers; oder zwischen MitarbeiterInnen eines Jugend- oder Sozialamtes mit ihren staatlichen Vorgaben und KlientInnen mit ihren Wünschen an ein gutes oder doch erträgliches Leben. Die dritte Position kann man als eine im engeren Sinn *pädagogische* verstehen: Sie setzt einen Erziehungsauftrag den KlientInnen gegenüber voraus, sieht aber die diagnostische Aufgabe vor allem darin, herauszufinden, an welches Selbstverständnis, welche Lebenserfahrungen, welche Sehnsüchte dieser Auftrag bei den KlientInnen anknüpfen kann.

Während der zweite Typus in Konzepten von „Diagnose" eher eine Art vor sozialer Kontrolle sieht und diese entsprechend skeptisch betrachtet, bejahen der erste und der dritte die diagnostische Aufgabe. Aber der eine will mit „möglichst großer Klarheit" erklären, „was das Problem ist". Der andere will möglichst genau verstehen, wie ein Klient seine Situation erlebt und was die innere Logik seines Handelns ist. Beides kann wichtig sein, muss aber klar unterschieden werden.

Ein Fallbeispiel

Ich will den Unterschied an einem kleinen Beispiel aus einem meiner Fallseminare erläutern. Eine Studentin berichtet:

> „Während meiner Praktikumszeit im Jugendamt wurde eine Mutter mit ihrem etwa 13-jährigen Sohn ins Jugendamt geladen. Der Sohn hatte mit mehreren Freunden eine Scheune in Brand gesetzt und Steine auf Bahnschienen gelegt. Die Bezirkssozialarbeiterin, die für die Gemeinde zuständig ist, in der der Junge mit seiner Mutter wohnt, hatte daraufhin Bescheid von der Polizei bekommen. Die Mutter erschien nun mit ihrem Sohn zu einem Gespräch mit der Sozialarbeiterin. Der Junge bestätigte die Vorfälle. Die Sozialarbeiterin ermahnte ihn und macht den beiden klar, dass sie mit einer Heimunterbringung des Jungen rechnen müssten, wenn es zu weiteren Straftaten kommen sollte. Sie hielt der Mutter vor, dass sie sich zu wenig um ihre Kinder kümmere, sich aber häufiger in Kneipen aufhalte, was sie von anderen Leuten aus dem Dorf erfahren hatte. Außerdem hatte sie wohl auch schon in einigen anderen Angelegenheiten mit dieser Familie zu tun.“

Das Beispiel zeigt, dass das „subsumptionslogische“, kategorisierende Vorgehen keineswegs nur in der ExpertInnendiagnose vorherrscht, sondern auch das Alltagsverständnis prägt: Die Fallerzählung betrachtet den Fall des Jungen scheinbar „ganz natürlich“ als Ereigniskette, die Symptome für eine bestimmte Problemlage erkennen lässt. Sie sucht nach Ursachen für diese Symptome, findet sie auch, vor allem im Verhalten der Mutter, klassifiziert sie und leitet daraus die Indikation für eine bestimmte zur Verfügung stehende Behandlungsart ab. Im Fallbeispiel identifizieren sowohl die Polizei wie auch die Bezirkssozialarbeiterin das Handeln der Kinder auf eine bestimmte, vor geprägte Weise: nämlich nicht (wie es auch denkbar wäre) als Abenteuerspiel, sondern als Straftaten der Brandstiftung und der Verkehrsgefährdung.

Da es sich jedoch bei diesen „Bahnverkehrs-Gefährdern“ und „Brandstiftern“ um strafunmündige Kinder handelt, werden sie wie selbstverständlich als Jugendhilfefälle (statt solchen der Strafverfolgung) erklärt. Das heißt hier, dass die beschriebenen Verhaltensweisen ohne genaueres Hinschauen als Symptome für Erziehungsdefizite diagnostiziert werden. Die Ursache der Symptome wird damit in der Familie gesucht und gefunden. Auch diese Ursachen werden ihrerseits aus Symptomen erschlossen. Zu solchen werden etwa Äußerungen aus der Dorfbevölkerung, die Mutter kümmere sich zu wenig um die Kinder und sei zu oft in der Kneipe. Als Lösung wird „Heimunterbringung“ in den Raum gestellt, anscheinend ohne darüber nachzudenken, dass dies von der betroffenen Mutter sicher nicht als Hilfe, sondern höchstwahrscheinlich als Drohung verstanden werden muss. Als Drohung bleibt diese „Lösung“ auch am Ende der Geschichte im Raum stehen.

Für die fachliche Qualität einer solchen „Diagnose“ ist aber nicht entscheidend, ob sie „richtig“ oder „falsch“ ist. Vielleicht gibt es keine andere Möglichkeit, vielleicht auch nicht. Völlig objektive Kriterien werden sich nicht finden lassen. Entscheidend ist vielmehr, ob das Vorgehen *angemessen* ist, also der konkreten Vielschichtigkeit des Problems nahe kommt oder nicht. Denn das zu lösende Problem ist eben nicht nur: Wie schütze ich den Bahnverkehr oder eine Dorfbevölkerung vor solchen kleinen Ungeheuern. Es gilt zugleich auch, diesen Kindern und ihrem „Recht auf Erziehung" gerecht zu werden, und ebenso dem Recht der Mutter, ihr Lebens auf eigene Art zu führen. Dies Recht hat sie nicht schon dadurch verwirkt, dass manche Leute finden, sie gehe zu oft in die Kneipe. Das mangelhaft Professionelle im Handeln der Bezirkssozialarbeiterin im Fallbeispiel besteht also nicht in dem was sie tut (die Mutter zu sich bitten, Konsequenzen verständlich machen usw.) sondern in dem was sie nicht tut: Nämlich die Mutter und den jugendlichen Übeltäter deren eigener Perspektive wahrzunehmen, darauf einzugehen, jedenfalls nicht einfach aufgrund einer von außen vorgegebenen Problemdefinition loszuhandeln.

Die „Subsumptionslogik" einer ExpertInnendiagnose wird sich zweifelsohne bemühen, in der Begründung ihrer Urteile sorgfältiger vorzugehen. Aber grundsätzlich wird sie ähnlich verfahren, nur systematischer: Sie wird versuchen, herauszufinden, was „mit dem Jungen los ist" (oder mit der Mutter los ist), also das Problem in eine übersichtliche und bearbeitbare Form zu bringen.[2] Die „hermeneutische" Vorgehensweise versucht dem gegenüber zunächst alle denkbaren wissenschaftlichen oder auch alltagspraktischen Einordnungsmöglichkeiten zurück zu stellen. Sie sagt: „Wir sind wenig geschützt gegen die unwillkürliche subsumptionslogische Operation, das modische Outfit eines ‚Skinheads' unter den Verstandesbegriff ‚Neofaschist' zu subsumieren, den Kleinkriminellen und zündelnden Jugendlichen unter ‚Mutter-Entbehrung', den Langschläfer und Anstrengungsunwilligen unter ‚narzistisch' oder ‚antriebsschwach'. Es geht also um eine Diagnostik, die gerade das Individuelle, nicht Einordenbare aus der Logik einer jeweiligen Lebenslage und einer Art der Lebensführung Hervorgehende verstehen zu können. Gegenstand der sozialpädagogischen Diagnose sind aus einer hermeneutischen Perspektive nicht das Erkennen und richtige Zuordnen von Symptomen, sondern das Verstehen unterschiedlicher Sichtweisen; nicht die Ursachenerklärung von Symptomen, sondern das Erschließen von Konstellationen zwischen Personen und Umständen, welche die jeweiligen Sichtweisen prägen; nicht die Klassifikation von Symptomen nach der Art ihrer Behandlungsbedürftigkeit, sondern ein Abwägen und Entdecken von Handlungschancen; nicht das

---

2   Ulrike Bittner (1981) z.B. oder auch Gerhard Riemann (2002) haben diese „diagnostische" Anpassung der Problemlage von KlientInnen an die jeweils vorausgesetzten Handlungsmöglichkeiten der behandelnden Professionellen genau beschrieben.

Anordnen oder Verschreiben einer bestimmten Behandlungsart, sondern das Arrangieren von Verhandlungsmöglichkeiten und das Schließen von Kompromissen. Dies bedeutet freilich nicht, dass das fachliche Beurteilen und damit auch Einordnen ganz überflüssig wäre. K. Mollenhauer und U. Uhlendorf betonen allerdings zu Recht, dass sozialpädagogische Diagnose grundsätzlich „reflexiv" und „selbstreflexiv" verfahren müsse: Nämlich durch die systematische Übung einer Enthaltsamkeit gegenüber vorschnellen Etikettierungen und Problemlösungsmustern hindurchgehen. Sie muss sich dem Test aussetzen, ob die subjektiven Sinndeutungen und die verallgemeinernden Problembeschreibungen und -lösungen zusammenpassen. K. Mollenhauer und U. Uhlendorf (1992, S. 29) leiten daraus zwei methodische Regeln ab: Es müssen solche Dokumente gefunden werden, die das je individuell Gemeinte ebenso enthalten wie die Referenz auf das Allgemeine und „das Sprachmaterial muss so erhoben werden, dass nicht von vorn herein die subsumptionslogische Blickrichtung dominiert".[3]

Ich schließe mich diesem „hermeneutischen" Verständnis von Diagnose grundsätzlich an, rechne auch meine eigenen Beiträge zum Thema (Müller 1995, 1997, 2004) diesem Ansatz zu, soweit es um den Vorrang geht, beim „Fallverstehen" vor allem die subjektiven Sicht- und Erlebnisweisen der beteiligten Personen und Instanzen zu verstehen (sie sind immer vielschichtig und plural statt eindeutig!) und dann erst nach Ursachen und Erklärungen zu suchen. Dennoch scheint mir in typisch „sozialpädagogischen" Handlungsfeldern (wie im Fallbeispiel) eine vierte Art der „Diagnose" hilfreich, die sich vom Typus K. Mollenhauers und U. Uhlendorffs (vgl. 1992, 1995, 1997) auf spezifische Weise unterscheidet. Diese Autoren orientieren sich modellhaft an schwierigen Fällen in der Heimerziehung respektive anderen „Hilfen zur Erziehung". Sie setzen dabei die jeweilige subjektive Lebenswelt der AdressatInnen als zentralen Gegenstand der Diagnose voraus. Ich betone demgegenüber, dass das gesamte Handlungsfeld eines jeweiligen Falles, an dem SozialarbeiterInnen und ihre jeweiligen institutionellen Handlungskontexte und Handlungspartner (z. B. das Jugendamt, die Polizei, die Dorfbevölkerung) ebenso wie die KlientInnen und deren persönliches Umfeld gleichermaßen als Akteure beteiligt sind. Ihrer aller Mitwirken (absichtlich wie unabsichtlich) am jeweiligen Fall muss demnach zum Gegenstand der Analyse werden.

Aus dieser Perspektive gilt es nicht als erstes die Konstellationen zu verstehen, die das Leben der KlientInnen in ihrem Umfeld biografisch geprägt haben,

---

3   Eine aktuelle Weiterführung und kritische Würdigung dieses Ansatzes findet sich in Krumenacker 2004.

sondern zunächst einmal die Konstellationen zu verstehen, in denen die jeweils als SozialpädagogInnen Handelnden *zu diesen KlientInnen* in Beziehung treiten. Es geht hier um eine relationale, nicht (jedenfalls nicht primär) um eine objektbezogene. Wenn es um das Verstehen unterschiedlicher Sichtweisen geht, so ist hier der Blick *vor allem auf das Verhältnis gerichtet, welches die jeweilige Sichtweise der SozialpädagogInnen zu anderen dafür relevanten Sichtweisen* hat: einerseits der KlientInnen selbst, andererseits der auf ihr Leben Einfluss nehmenden Personen und Instanzen. Sofern es um Klärung von Handlungschancen geht, ist die diagnostische Frage nicht an erster Stelle, welche Chancen haben die KlientInnen und welche können sie nutzen, sondern: Was gibt den SozialarbeiterInnen überhaupt Möglichkeiten, diese Chancen positiv zu beeinflussen? Und sofern es um die Aufgabe des Verhandelns von Problemdefinitionen und Lösungsmöglichkeiten geht, steht hier im Mittelpunkt, dass SozialarbeiterInnen dabei nicht neutrale Schiedsrichter oder Vertreter objektiver Wahrheiten sind, sondern die Aufgabe haben, ihre nach bestem Wissen und Gewissen erarbeitete Position zu vertreten, fair zu verhandeln und zu fairen Kompromissen zu kommen. Ich will im Folgenden diesen Typ sozialpädagogischer Diagnostik in seinen Strukturen noch etwas genauer beschreiben. Zur Illustration werde ich dabei wieder auf das zitierte Fallbeispiel zurückgreifen.

2 Das Problem mit dem Dienstleistungsideal oder: Sozialpädagogische Diagnose als alternatives Modell von Professionalität

Das Alltagsverständnis von Diagnose wie auch das beschriebene Modell der Expertendiagnose beruht auf dem, was Erwin Goffmann (1973) das „Dienstleistungsideal" genannt hat – ein Komplex von Vorstellungen, der unsere Gesellschaft tief geprägt hat. Das Dienstleistungsmodell geht, so E. Goffmann, von einer Dreiecksstruktur aus: Von der Beziehung zwischen DienstleistungsexpertIn, KlientIn und einer dem/der KlientIn gehörenden Sache, welche aus irgendeinem Grund der Behandlung durch den/die ExpertIn bedarf. Diese Behandlung ist von den KlientInnen gewollt, die Beziehung zwischen ExpertIn und KlientIn beruht also auf freiwilliger Zusammenarbeit (Modellbeispiel dafür ist das medizinisch-ärztliche Handeln ebenso, wie etwa die Diagnose in einer Autowerkstatt). Die diagnostische Tätigkeit der ExpertInnen bezieht sich nicht auf die KlientInnen als Personen, für die, wie E. Goffmann (1973) sagt, ein „höfliches Desinteresse" angesagt ist. Sie bezieht sich vielmehr auf die Sache, wobei diese sowohl aus einem Gegenstand bestehen kann (kaputtes Auto) als auch aus einem erkrankten Organismus (im Fall medizinischer Dienstleistung) oder auch aus einem Rechtsanspruch wie im Fall juristisch-professionellen Beistands. Die KlientInnen haben für die diagnostische Tätigkeit der ExpertInnen eine Art von AssistentInnenrolle: sie müssen den ExpertInnen alle ihnen zugänglichen Informationen bezüglich des jeweiligen Problems offen legen, wofür diese wieder verpflichtet sind, die entsprechenden Informationen ausschließlich im besten Interesse der KlientInnen zu verwenden. Die besonderen Privilegien professioneller Berufe wie ökonomische Unabhängigkeit und Zeugnisverweigerungsrecht sind gesellschaftliche Instrumente, um dies zu gewährleisten.

E. Goffmann (1973) entwickelt dieses Modell aber nicht, um seine Allgemeingültigkeit zu zeigen, wie dies heute auch viele Sozialpädagogen unterstellen, die das Dienstleistungsmodell für die selbstverständliche Grundlage ihres Handelns halten. E. Goffmann (1973) hält das Modell vielmehr gerade dort für aufschlussreich, wo es *nicht* funktioniert, wie er am Beispiel der Psychiatrie zeigt. Es funktioniert dort nicht, wo das Problem, das KlientInnen haben, von dem Problem, das sie für ihre Umwelt oder auch für sich *selbst* haben, nicht oder nur schwer unterschieden werden kann. Genauer gesagt: Nur abstrakt und theoretisch ist es leicht, einen seelisch kranken Menschen von der Einwirkung, die seine Krankheit auf ihn macht und die seine Persönlichkeit vielleicht verändert hat, unterscheiden, aber nicht, wenn man im Alltag mit ihm oder ihr umzugehen hat. Natürlich kann man, um in sozialpädagogische Arbeitsfelder zu gehen, schwierige Jugendliche theoretisch unterscheiden von den Problemen, die sie *haben* und von den Problemen, die sie anderen *machen*; das ist aber schon viel schwieriger, wenn es sich um Probleme handelt, die sie *mir* oder anderen Menschen machen, die mich als sozialpädagogischen Fachmenschen unter Druck setzen, etwas dagegen zu tun. Natürlich kann man Eltern, die das Recht ihrer Kinder auf eine deren Wohl entsprechende Erziehung nicht gewährleisten können oder wollen, die also „das Problem" darstellen, unterscheiden von den Eltern, die als Partner in einem Hilfeplangespräch ihren Teil zur Lösung des Problems beitragen sollen. Aber wenn etwa eine sozialpädagogische Familienhelferin unterscheiden können soll, wo innerhalb einer insgesamt als belastend oder „verkommen" erlebten Art der Lebensführung einer Familie Elemente tragfähiger Partnerschaft in der Zusammenarbeit zu finden sind, wird es schwierig. Natürlich kann man einen behinderten oder altersverwirrten Menschen oder einen Alkoholiker unterscheiden von den jeweiligen Problemen, die einen Hilfebedarf begründen. Weit schwieriger ist es, zu vermeiden, trotz aller guten Absichten selber zum Teil des Problems dieser Menschen statt zum hilfreichen Faktor zu werden.

Solche Unterscheidungen haben also zunächst einmal einen eher theoretischen bzw. hypothetischen, aber keinen diagnostisch-praktischen Charakter. Dies bedeutet: Natürlich kann und müssen SozialpädagogInnen, genau so wie

PsychiaterInnen, von der ethischen Einstellung des Dienstleistungsideals ausgehen, also unterstellen, dass es einerseits um partnerschaftliche Zusammenarbeit mit den KlientInnen als zu respektierenden Subjekten und andererseits um die Bearbeitung von deren Problemen als Objekten der Hilfe geht. Sie müssen aber gleichzeitig beachten, dass beides ineinander vermischt sein kann und genau die Entmischung von beidem zur ersten und wichtigsten diagnostischen Aufgabe wird. Erst wenn sie ansatzweise gelungen ist, können KlientInnen glauben, dass es tatsächlich um Hilfe für sieund nicht um Kontrolle ihres Fehlverhaltens geht; erst dann werden sie freiwillig die Rolle spielen, an der Diagnose ihrer Probleme mitzuwirken; erst dann werden KlientInnen bereit sein, an den Problemen mit zu arbeiten, die sie „haben", weil sie gleichzeitig die Gewissheit haben können, als Personen so akzeptiert zu sein, wie sie sind.

Der entscheidende Unterschied zwischen dem landläufigen, das Dienstleistungsideal stillschweigend voraussetzenden Verständnis von Diagnose und einem sozialpädagogischen besteht also darin, dass in jedem einfach als vorhanden unterstellt wird, was in der Sozialpädagogik und ähnlich strukturierten Arbeitsfeldern allererst geklärt werden muss und deshalb Gegenstand von Diagnose ist: Wer ist mein Klient bzw. meine Klientin und wer sind außerdem, wie heute gesagt wird, die KundInnen, deren Erwartungen ich zu berücksichtigen habe?

Am Fallbeispiel betrachtet: Ist der kleine Junge Klient? Sind es seine Freunde, ist es die Mutter, ist es die Polizei, die den Fall der Sozialarbeiterin überstellt hat oder sind es die Nachbarn, die das Verhalten dieser Familie mit Argwohn betrachten? Offen ist zweitens: Was kommt *als Gegenstand der Problembearbeitung* eigentlich in Betracht: Ist es das objektiv schädliche und gesetzeswidrige aber rechtlich nicht strafbare Verhalten von Kindern? Ist es das Erziehungsverhalten der Mutter oder das des bezeichnenderweise gar nicht erwähnten Vaters? Sind es die Lebensbedingungen der Familie oder das Misstrauen der Nachbarn usw.? Unklar ist drittens, wie und mit wem Zusammenarbeit im Sinn von Arbeitsbündnissen möglich wird. Kann das mit dem Jungen gelingen, mit seiner Mutter oder gar mit seinen Freunden? Oder beschränkt es sich auf die Zusammenarbeit mit der Polizei und Einrichtungen der Jugendhilfe? Unklar und zu diagnostizieren ist schließlich, wo ein Netzwerk unterstützender Kräfte zu finden sein könnte, aus dem unterstützende Ressourcen zu mobilisieren wären, um in einzelnen Schritten vorwärts zu kommen. Im Beispielfall ist es, für viele sozialpädagogische Handlungsfelder typisch, so, dass die Bezirkssozialarbeiterin selbst eigentlich gar nicht viel machen kann, außer einen guten Rat zu geben und andere Instanzen zur Hilfe zu rufen, die dann den Fall weiter bearbeiten. Außer Heimerziehung fällt ihr leider nichts ein und auch das nur als Drohmittel, nicht aber als eine auf ihre Eignung für den Einzelfall diagnostizierte Hilfe, wie es eigentlich schon von Gesetzes wegen

(SGB VIII § 27) erforderlich gewesen wäre. Die Diagnose anderer für die Lösung des Falles relevanter Instanzen – sei es als Ressource oder als zu überwindende Hürde oder als beides zugleich – unterbleibt völlig. Es ist unklar, ob es andere Möglichkeiten gibt als entweder Nichtstun oder Fremdplatzierung. Es ist unklar, ob die Polizei eine positive, weitere Straftaten verhindernde Rolle spielt oder erst recht, wenn auch ungewollt, dazu beiträgt, den Jungen in eine kriminelle Karriere zu drängen. Und es ist unklar, was die Sozialarbeiterin dazu beitragen kann, das das eine und nicht das andere geschieht. Dieselbe Unklarheit besteht für die Rolle der Nachbarn, der Schule, der Freundesclique, des Vaters oder anderer Personen des persönlichen Netzwerkes.

3 Die notwendigen Perspektiven sozialpädagogischer Diagnose

Zusammenfassend und in Anlehnung an ein Schema, das ich an anderer Stelle (vgl. Müller 1997) entwickelt habe, könnte man sagen, dass sich die sozialpädagogische Diagnose immer in drei miteinander verknüpften Dimensionen bewegen muss.

- Sie muss eine Diagnose des zu leistenden Sachbeitrages sein, den Soziale Arbeit zur Lösung eines Problems zu leisten hat. Anders als in anderen professionellen Feldern ist dieser Beitrag nicht feldspezifisch vordefiniert (als medizinische Hilfe, als Rechtsberatung, als Therapie usw.), sondern unspezifisch: als „Hilfe zur Lebensbewältigung", Unterstützung im Alltag oder ähnliches. Was das konkret heißt, ist einerseits der Möglichkeit nach sehr offen, andererseits in jeweiligen Handlungszwängen scheinbar unausweichlich und alternativlos festgelegt. In dem kleinen Fallbeispiel zeigt sich: Die Möglichkeiten des Vorgehens sind vielfältig und offen, wenn man sie von außen und theoretisch betrachtet. Wer aber wie die Bezirkssozialarbeiterin mit einer Überlast von Fällen eingedeckt ist und von vielen Seiten unter Druck steht das Unheil, das der Knabe angerichtet hat, endlich zu stoppen, wird sich nicht leicht der Logik des Drohens und Eingreifens entziehen können, das für diese Sozialarbeiterin das einzige Mittel der Wahl zu sein scheint. Klärung des Sachbeitrages heißt in dieser Situation auch nicht, herauszufinden, was an sich und überhaupt helfen könnte, sondern den Beitrag zu bestimmen, den eine Sozialarbeiterin in einer solchen Situation im jeweils gegebenen Moment leisten oder in die Wege leiten kann. Diagnose ist eine praktische Tätigkeit. Sie beschäftigt sich nicht mit der Frage, was an einer jeweiligen Lebenssituation geändert werden müsste, sondern was bewirkt, damit sich praktisch etwas ändert.

- Das Beispiel zeigt weiter, dass sozialpädagogische Diagnose nicht nur Sachklärung, sondern auch Teil von Beziehungsarbeit ist. Es geht darum herauszufinden, wie ich das Vertrauen von Menschen gewinnen kann, damit sie glauben können, dass ich sie nicht angreifen will, sondern dazu bewegen, das zu wollen, was gut für sie ist. Das Problem ist, wie beim Sachbeitrag, dass eine sehr grundsätzliche Ungewissheit zu bewältigen ist: Wie kann ich wissen, was gut für andere ist und wie kann ich sie bewegen, das zu wollen? Ich kann es nur, wenn ich fähig bin, die Art der Beziehung und ihrer Entwicklung selbst zum Gegenstand einer Diagnose zu machen, also erkennen kann, wann meine guten Absichten das Gegenüber eher erschrecken als ermuntern, hilfreiche Impulse geben oder in die Defensive drängen, Haltungen der Hilflosigkeit eher verfestigen oder Impulse zur Mobilisierung eigener Kräfte geben. Es ist nicht zufällig, dass auf dieser Beziehungsebene sozialpädagogische Diagnose und die diagnostischen Elemente therapeutischer Prozesse eine gewisse Ähnlichkeit haben. Beide müssen auch in objektiven oder subjektiv empfundenen ausweglosen Zwangslagen Räume freieren Nachdenkens schaffen, virtuelle Räume, die das gedankliche und gefühlte Erproben von Alternativen ermöglichen, ohne dass dies gleich praktische Folgen hat und im Fall des Scheiterns bestraft wird. Das therapeutische Setting betrachtet als Raum des gemeinsamen Erkundens von lebbaren Alternativen und das sozialpädagogische Handlungsfeld unterscheiden sich in ihren praktischen Rahmenbedingungen und in ihren Grenzen (vgl. Körner/Müller 2004), aber nicht in dieser grundsätzlichen Zielsetzung.
- Schließlich muss sich die Diagnose nicht nur am Wollen oder auch Nicht-Wollen, am Können oder auch Nicht-Können jeweiliger KlientInnen abarbeiten. Das Gleiche gilt auch für das jeweilige lebensweltliche und institutionelle Netzwerk, das, wie beschrieben, potentielle Ressource zur Lebensbewältigung und Grenzen setzende und belastende Realität in Einem ist. Auch die Diagnose der Chancen der Ressourcenmobilisierung muss grundsätzliche Ungewissheit bewältigen. Sie kann sich nicht mit der Frage begnügen: Was kann ich als SozialarbeiterIn im gegebenen Fall Hilfreiches tun? Sie muss immer auch die Frage stellen: Was kann ich tun, damit andere, von deren Unterstützung meine KlientInnnen abhängig sind, etwas tun? In diesem Sinn ist sozialpädagogische Diagnose immer und konstitutiv auch Netzwerkdiagnose.

4   Diagnose des „Dazwischen"

Will man die Besonderheit sozialpädagogischer Diagnose im Vergleich zu anderen Arten diagnostischer Tätigkeit mit einem plakativen Begriff charakterisieren, so könnte man sie, folgt man den bisherigen Überlegungen, als eine *„Diagnose des Dazwischen"* bezeichnen: Ihre Frage ist nicht: was ist mit den hilfesuchenden (oder für andere zur unerträglichen Last gewordenen) Menschen los? Ihre Frage ist vielmehr:

- Was ist zwischen ihnen und ihrem Lebensumfeld los? Welche „Konstellationswirkungen" (Wronsky) sind hier am Werk? Die systemische Betrachtungsweise (es gibt einige Hinweise darauf, dass sie ursprünglich aus der Sozialen Arbeit kommt und neuerdings wieder in sie zurück importiert wird) ist sicher eine, die für dieses Feld besonders hilfreich ist. Sie setzt meines Erachtens zu Recht eine „zirkuläre" an die Stelle einer Problem-Ursachen erklärenden oder auch ganz auf das individuelle Verstehen setzende Art der Diagnose. Demnach kommt es etwa im Umgang mit Problemfamilien weder darauf an, genau die Ursachen oder Verursacher der Schwierigkeit dingfest zu machen, noch darauf, die individuellen Sichtweisen der beteiligten Familienmitglieder vertieft zu verstehen. (In beidem können solche Familien selbst große Fähigkeiten entwickeln, die sie nur dazu nutzen, sich gegenseitig noch tiefer zu verstricken). Entscheidend ist vielmehr der diagnostische Blick auf die Wechselwirkungen und die Fähigkeit in das zirkuläre „Dazwischen" der Familienstruktur befeiende Impulse zu geben.
- Für sozialpädagogische Diagnose ist diese „systemische" Orientierung allerdings vor allem dann fruchtbar, wenn sie nicht auf familiale Interaktionssysteme unter KlientInnen beschränkt bleibt. Dieses „Zwischen" gilt auch für die Beziehung zwischen den KlientInnen und den diagnostizierenden SozialarbeiterInnen. Die alte Methodenregel „anfangen, wo die KlientInnen stehen" scheint mir hier missverständlich. Denn dies ist, zumindest am Anfang einer „helfenden Beziehung" kaum zu erkennen. Die Regel sollte eher lauten: „Anfangen, wo die KlientInnen in Beziehung zu mir als der helfenden Instanz steht", also den *Prozess des Hilfe-Nehmens und Hilfe-Gebens selbst zum Gegenstand der Diagnose* zu machen.
- Auch dies wäre freilich eine personalistische Verkürzung, wenn vergessen wird, dass SozialarbeiterInnen ihren KlientInnen und deren Lebensverhältnissen nicht nur als zu professionellem Handeln beauftragte Einzelpersonen, sondern zugleich auch als Institution gegenübertreten: Als VetreterInnen des Sozialstaats (oder wo es den in herkömmlicher Form nicht mehr gibt, der Arbeitsverwaltung), als Jugendhilfe, Behindertenhilfe usw. Auch hier kommt

es unter diagnostischer Perspektive nicht in erster Linie darauf an, zu klären, ob das jeweilige Angebot den Bedürfnissen von KlientInnen hinreichend gerecht werden kann; und auch nicht, ob KlientInnen den „richtigen" Gebrauch davon machen. Entscheidender ist auch hier das „Dazwischen": Wie gut gelingt es beispielsweise einer Sozialarbeiterin, einer Klientin zu helfen, das für sie Akzeptable an einem Angebot herauszufinden und im eigenen Interesse zu nutzen? Wie kann sie herausfinden wodurch dies gegebenenfalls behindert wird? Wie gut gelingt es der Klientin, die Hilfe zu nutzen, ohne die Helferin (und sich selbst!) dafür zu bestrafen, dass die jeweilige Hilfe ihr Leben immer nur ein bisschen, aber nicht grundlegend verändern kann?

- Und schließlich ist auch jenes „wo die KlientInnen stehen" besser zu verstehen, wenn man seinen „Standort" selbst als ein „Dazwischen" zum Gegenstand des Nachdenkens macht: Was ist zwischen dem, was er oder sie als den eigenen Standort wahrnimmt und dem, was er oder sie will? Was ist das, worunter eine Und was ist das, was zwischen diesem Wollen und dem ist, worin er oder sie sich selbst im Wege steht?

5 Fazit

Sozialpädagogische Diagnose, so sollte gezeigt werden, ist ein vieldeutiger, umstrittener Begriff. Er wird aber nicht nur in theoretischen Konzepten unterschiedlich verwendet, sondern verweist auf eine Art von professioneller Praxis, deren zentrales Erfordernis nicht fest gefügtes Anwendungswissen, sondern Verfügen über Suchstrategien und Entdeckungsfähigkeit ist. Sozialpädagogische Diagnose, als Fachwissen betrachtet, ist nicht mehr als ein Satz unterschiedlicher, provisorischer Landkarten für ein nur begrenzt kartographisierbares, weil sich ständig wandelndes Gelände. Dieser Artikel soll dazu anregen, solche Landkarten kennen zu lernen, ihre Grenzen zu verstehen, sie nicht mit der Wirklichkeit zu verwechseln – und dann mit eigenen Augen und Ohren ins Gelände zu gehen. Denn welchen Weg ich im konkreten Fall nehme, welche Entscheidungen die richtigen sind, das sagen die Landkarten meistens nicht.

Literatur

Bittner, U. (1981): Ein Klient wird „gemacht". In: Kardorff, E. v./Koenen, E. (Hrsg.) (1981): Psyche in schlechter Gesellschaft. München, S. 103-137.

Goffman, E. (1973): Asyle. Frankfurt a. M.

Harnach-Beck, V. (1999): Ohne Prozessqualität keine Ergebnisqualität. Sorgfältige Diagnostik als Voraussetzung für erfolgreiche Hilfe zur Erziehung. In: Peters, F. (Hrsg.) (1999): Diagnosen – Gutachten – hermeneutisches Fallverstehen. Frankfurt a. M.

Körner, J./Müller, B. (2004): Chancen der Virtualisierung. Entwurf einer Typologie psychoanalytisch-pädagogischer Arbeit. In: Datler, W./Müller, B./Finger-Trescher, U. (Hrsg.) (2004): Sie sind wie Novellen zu lesen ... . Zur Bedeutung von Falldarstellungen in der Psychoanalytischen Pädagogik. Freiburg i. Br. S. 132-151.

Krumenacker, F.-J. (Hrsg.) (2004): Sozialpädagogische Diagnosen in der Praxis. Weinheim u. München.

Mollenhauer, K./Uhlendorff, U. (1992 u. 1995): Sozialpädagogische Diagnosen und sozialpädagogische Diagnosen II. Weinheim u. München.

Müller, B. (1995): Das Allgemeine und das Besondere beim sozialpädagogischen und psychoanalytischen Fallverstehen. In: Zeitschrift für Pädagogik, 41. Jg., S. 697-708.

Müller, B. (³1997): Sozialpädagogisches Können. Freiburg i. B.

Müller, B. (2004): Alltagsnahe Diagnose und der „Allgemeine soziale Dienst" (ASD). In: Grunwald, K./Thiersch, H. (Hrsg.) (2004): Praxis lebensweltorientierter sozialer Arbeit. Weinheim u. München, S. 41-54.

Petermann, F. (2002): Bedeutung von Diagnose und Indikationsstellung im Prozess der Hilfeplanung. In: Fröhlich-Gildhoff, K. (Hrsg.) (2002): Indikation in der Jugendhilfe. Weinheim u. München, S. 17 ff.

Peters, F. (1999): Über Diagnosen, Gutachten, Fallverstehen, Aushandlungsprozesse – Probleme (mit) der Qualifizierung individueller Hilfeplanung. In: Peters, F. (Hrsg.) (1999): Diagnosen – Gutachten – hermeneutisches Fallverstehen. Frankfurt a. M., S. 5-26.

Riemann, G. (2002): Biographien verstehen und missverstehen – Die Komponente der Kritik in sozialwissenschaftlichen Fallanalysen des professionellen Handelns. In: Kraul, M./ Marotzki, W./ Schweppe, C. (Hrsg.) (2002): Biographie und Profession. Bad Heilbrunn, S. 165-196.

Salomon, A. (1926): Soziale Diagnose. Berlin.

Uhlendorff, U. (1997): Sozialpädagogische Diagnosen III. Weinheim u. München.

Neue Methoden der Familienarbeit

Handlungsmodelle in der Sozialen Arbeit – „Familienhilfen" im Blickpunkt

Max Kreuzer

Dass über Methoden und Methodenentwicklung nicht isoliert diskutiert werden kann, ist spätestens seit der „Working Definition of Social Work Practice" aus dem Jahr 1958 selbstverständlich. Darin ist die professionelle Praxis der Sozialen Arbeit als „eine bestimmte Konstellation aus Wert, Ziel, Sanktionierung, Wissen und Methode" (Bartlett 1976, S. 231) gekennzeichnet. Anstelle des Begriffs „Sanktionierung", der die gesellschaftliche, amtliche oder staatliche „Autorisierung" (Bartlett 1979, S. 232) meinte, wird an anderer Stelle (vgl. Lowy 1983, S. 24) der Begriff „Legitimation" verwendet. Die „einseitige Betonung von Methode und Können, die die Praxis der Sozialen Arbeit in früheren Jahren charakterisierte", war damit aufgehoben. Methoden sind nun „Mittel zum Zweck und nur dann sinnvoll, wenn der Zweck gemäß den Zielen und Werten der Sozialen Arbeit definiert ist und die Situation mit Hilfe des beruflichen Wissens exakt eingeschätzt wurde" (Bartlett 1976, S. 80).

Bei der Übernahme der Working Definition in die deutsche Fachdiskussion war 1978 von Karlheinz A. Geißler und Marianne Hege (1999, S. 23) der Begriff „Konzept" ins Spiel gebracht worden. Ein „Konzept" bringt „die Ziele, die Inhalte, die Methoden und die Verfahren in einen sinnhaften Zusammenhang". Unter der Voraussetzung der „Planbarkeit sozialpädagogischer Handlungsabläufe" sind die „Methoden – formal betrachtet – nur, aber durchaus wichtige Teilaspekte von Konzepten. Die Methode ist ein vorausgedachter Plan der Vorgehensweise" (Geißler/Hege 1999, S. 24 f.). K. A. Geißler und M. Hege warnen zum einen vor einer „Verselbständigung" von Methoden und Verfahren, zum anderen weisen sie auf die Gefahr der Verselbständigung von Ziel- und Theoriediskussionen hin. Bei der Entwicklung des fachlichen Handelns sollen sich vielmehr „Theorie und Methode in einem Prozess gegenseitiger Wechselwirkung" ergänzen und anregen. Michael Galuske (1998, S. 25) formuliert dieses Grundverständnis folgendermaßen: „Methode und Konzept meinen Unterschiedliches, können aber (...) nur gemeinsam diskutiert werden. Der Unterschied liegt in der Akzentsetzung". Es sind die beiden Seiten einer Medaille. Während es bei Konzeptfragen um Zielsetzung, Wissen und Gegenstands- bzw. Situationsanalyse geht, stehen bei der Frage nach der Methodisierbarkeit von „Konzepten" dagegen all die Aspekte im Mittelpunkt, die „eine planvolle, nachvollziehbare und damit kontrollierbare Gestaltung von Hilfeprozessen" (Galuske 1998, S. 25) garantieren. Nach M. Galuske ist es möglich, Arbeitsansätze nach dem Ausmaß der Ausgewogenheit von Konzept- und Methodeaspekten zu sortieren: Zwei extreme Fälle unbefriedigend hoher Unausgewogenheit sind denkbar:

1. gegenstandsadäquate und zielgenaue Konzepte, die nicht oder noch nicht in planvolle, nachvollziehbare und damit kontrollierbare Hilfeprozesse umsetzbar sind, und

2. Hilfeprozesse, die zwar jedem Anflug von „Kunst" und Beliebigkeit enthoben geplant, nachvollzogen und damit kontrolliert werden (können), aber eine schwache oder nicht legitimierbare konzeptionelle Grundlage haben.

Mit dem Kunstwort „Methodenkonzept" belegt M. Galuske diejenigen Ergebnisse fachlicher Entwicklung, in denen ein hohes Maß von Ausgewogenheit konzeptioneller und methodischer Aspekte auszumachen und vorzufinden ist. Das Symbol von den beiden Seiten einer Medaille aufnehmend könnte man versucht sein, die geschichtliche Entwicklung der Sozialen Arbeit als die Bemühung zu interpretieren, den Gesamtwert der Medaille dadurch zu erhöhen, dass der Wert der einen Seite gesteigert wird, um im nächsten Schritt die andere Seite in ihrem Wert anzupassen. Dass in dieser Entwicklung Phasen, die von deutlicher Unausgewogenheit geprägt sind, auftreten, ist selbstverständlich und notwendig, solange der Anspruch besteht, die Diskrepanzen aufzulösen.

Schließlich sei hier noch auf den eigenen Versuch (Galuske 2002, S. 23 ff.) verwiesen, die bisher beschriebenen Bestrebungen im Begriff „Handlungsmodell" zu erfassen. Wenn man davon ausgeht, dass Modelle im allgemeinen versuchen, das Wesentliche einer Sache auf einfache und übersichtliche Art und Weise klar zu machen, dann haben Handlungsmodelle in der Sozialen Arbeit die Funktion, mögliche Strukturen von Problemlösungen zu entwerfen und dabei möglichst den gesamten Handlungsprozess zu überblicken bzw. einzuschließen.

Vollausgestattete Handlungsmodelle in der Sozialen Arbeit

- vertreten eine spezifische Problemsicht oder Deutung des Problems,
- geben einen Zielrahmen an,
- beharren auf eigenem Veränderungswissen,
- präzisieren ein räumliches, zeitliches und operatives Setting für die Durchführung,
- weisen Kriterien aus, anhand derer Ergebnisse als Erfolg oder Misserfolg gewertet werden.

Zu ergänzen wäre zum einen, dass die Beherrschung von Handlungsmodellen nicht nur Fachlichkeit signalisieren, sondern ebenso dem Bestreben dienen kann, Image- und Statusgewinn zu erringen sowie persönliche Handlungsunsicherheit, Angst und Blamage in der Unübersichtlichkeit eines Falles zu reduzieren. Zum anderen sind die Handlungsmodelle der Fachkräfte systematisch mit den Sichtweisen und Handlungsmodellen der Klientinnen und Klienten in Einklang zu bringen, so dass die Fachlichkeit, die in der Beherrschung von Handlungsmodellen enthalten ist, nur den ersten Schritt einer Gesamtfachlichkeit darstellt. (vgl. Kreuzer 2001, S. 27-61)

1   Handlungsmodelle in der Familienhilfe – ein Überblick

Im Bereich der „Familienhilfe" liegen so viele Handlungsmodelle bzw. Methodenkonzepte vor, dass es nötig ist, Gliederungskriterien zu nutzen, um den Überblick zu behalten.

Klaus Schneewind (1999, S. 219) hat seiner Gliederung das „Ausmaß an Stressbelastung oder Verletzlichkeit einer Familie" und die dadurch bedingte „Interventionsbedürftigkeit" zugrunde gelegt und kommt dabei zu einer Dreigliederung:

* Modelle der „Entwicklungsoptimierung" und Anreicherung
* Modelle der „Prävention" bei bestehenden Risiken und
* Modelle der „Remediation" und Familientherapie.

Beate Minsel (1989, S. 281 ff.) nutzt ebenfalls ein dreidimensionales Modell, um den Bedarf an Beratung von Familien zu systematisieren und abzustufen. Sie unterscheidet:

* „Lebenssituationen als Beratungsanlässe" (Geburt, Kindergarten, Einschulung, Scheidung, Drogen, Berufsanfang, Berufswechsel, Ruhestand, Verwitwung),
* den „Grad der Schädigung" bzw. den „Schweregrad des Problems" (niedrig, mittel, hoch),
* die berücksichtigte „Systemebene" (Individuum, Mikro-, Mesosysteme, Institutionen).

Das KJHG legt folgende Gliederung, die sich ebenso an drei Niveaus orientiert, nahe:

* Erhaltung und Schaffung „positiver Lebensbedingungen für junge Menschen und ihre Familien sowie einer kinder- und familienfreundlichen Umwelt" (§ 1 Abs. 3, Satz 4) als Querschnittsaufgabe für die Jugendhilfe;

- „Familienbildung", die „auf Bedürfnisse und Interessen sowie auf Erfahrungen von Familien in unterschiedlichen Lebenslagen und Erziehungssituationen" eingeht (§ 16 Abs. 2 Satz 1)
- „Hilfen zur Erziehung", die sich in „Art und Umfang nach dem erzieherischen Bedarf im Einzelfall" richten und „dabei das engere soziale Umfeld einbeziehen" sollen (§ 27 ff.).

Beim Überblick über die internationale Fachliteratur zu Programmen der Familienhilfe wird deutlich, dass die Dreistufigkeit den Standard bildet, abgesehen davon, dass in Einzelfällen eine vierte Stufe Erwähnung findet:

- „Public Available Enrichment Programs"
- „Services for Families in Risk"
- „Intensive Family Preservation Services"
- „Parental Involvement in Residential Care".

(vgl. Child Welfare League of America. in: Pecora u. a. 1992; Pecora 2002, S. 90 f.)

Im Folgenden werde ich nicht einzelne aktuelle Handlungsmodelle bzw. Methodenkonzepte aus den genannten Kategorien der Familienhilfe darstellen, sondern will versuchen, aktuelle Trends bezogen auf die Merkmale bzw. Bestandteile von Handlungsmodellen der Familienhilfe analytisch herauszuarbeiten und diese als Elemente eines Baukastens zu beschreiben und einzuschätzen. Dabei werde ich mich nur auf Programme beziehen, die als Hilfen bei bestehenden Risiken und in Krisenlagen deklariert sind.

2 Problemdeutung im Rahmen der Bindungstheorie und der Forschung über die „Erste Beziehung"

Wenn man in aller Vorsicht versucht, die Vorherrschaft theoretischer Ansätze in den Familienhilfen im vergangenen halben Jahrhundert und damit die dominierenden Problemsichten und -deutungen zu benennen, wird man im letzten Jahrzehnt eine überraschende und zunehmende Renaissance der Bindungstheorie im Gefolge von John Bowlby und Mary Ainsworth und eine ausdrückliche Bezugnahme auf die humanethologische Forschung der Interaktionen zwischen dem Säugling und seiner ersten Bezugsperson wahrnehmen.

   1995 fand an der Tavistock-Klinik in London ein Kongress mit dem Thema *„The Politics of Attachment – Towards a Secure Society"* statt. Im gleichnamigen Begleitband zum Kongress wird zur Bindungstheorie festgestellt: *„It sets out a model of healthy development and is at its most powerful in identifying the con-*

ditions that promote it" (Kraemer/Roberts 1996, S. 4). Die hohen Erwartungen an die Bindungstheorie zeigt auch die 20. Jahrestagung der Deutschen Arbeitsgemeinschaft für Familientherapie zum Thema „Bindung, Trennung und Verlust". In der Ausschreibung heißt es u. a. „mit dem Rahmenthema (wird) eine Dialektik aufgespannt, in der Familien in natürlicher Weise stehen und die vielfältige Auswirkungen auf die je persönliche Entwicklung und auf die Gesellschaft hat" (Balck 1999). Eine internationale Konferenz setzte in München im Jahr 2000 die Beschäftigung mit der Bindungstheorie fort; im Mittelpunkt standen *„Applications in Prevention, Intervention and Clinical Practice"* (Britsch u. a. 2002). Kari Killen (2000), eine Schülerin von Bruno Bettelheim und Mitarbeiterin von NOVA (Norwegisches Forschungsinstitut für kindliche Entwicklung, Wohlfahrt und Altern) in Oslo, sieht in der Bindungstheorie die „Basistheorie sowohl für die Prävention als auch für die Behandlung". Vergleichbar sieht Henning Rye (2002, S. 52 ff.) die Bindung als „die Grundlage für die Art des wechselseitigen Kontakts".

Die Bindungstheorie operiert mit einem schmalen Begriffsapparat. Sie geht von einem menschlichen Grundbedürfnis nach „Bindung" in deutlicher Absetzung von „Abhängigkeit" aus und unterscheidet vier unterschiedliche „Qualitäten der personbezogenen Bindung": „sichere Bindung" und „unsichere Bindung", bei denen sie nochmals unterscheidet: „vermeidend-unsichere Bindung", „ambivalent-unsichere Bindung" und schließlich „desorientierte/desorganisierte Bindung". Diese „Bindungsqualitäten" scheinen zu Ende des ersten Lebensjahres ausgeprägt und danach relativ stabil zu sein. Als wesentliche Entwicklungsvoraussetzungen für die Qualität der Bindung wurde von Mary Ainsworth die Feinfühligkeit und Sensitivität der Mütter im Umgang mit ihrem Säugling im ersten Lebensjahr beschrieben und insbesondere unter den Testbedingungen „Fremde Situation" untersucht. Es wird davon ausgegangen, dass die früh ausgeprägte Bindungsbeziehung als „inneres Arbeitsmodell" die Erwartungen und Interpretationen von Beziehungserfahrungen im weiteren Leben wesentlich beeinflusst. (vgl. Britsch u. a. 2002; Großmann/Großmann 2003)

Das STEEP-Programm (*Steps Toward Effective and Enjoyable Parenting*) nimmt ausdrücklich Bezug auf die Bindungstheorie und gilt mittlerweile als Kronzeuge für ihre Anwendbarkeit und Wirksamkeit. Das Ziel des STEEP-Programms ist, trotz unterschiedlicher Risikobedingungen (z.B. Armut, Drogenmissbrauch, soziale Isolation, Stress) eine „feinfühlige Elternschaft" und eine „sichere Bindung" zwischen dem Kind und seinen Eltern als Basis dafür, den Kreislauf intergenerationell negativer Beziehungserfahrungen zu durchbrechen, möglich zu machen (vgl. Erickson 2002).

Als verwandt mit der Bindungstheorie können die Forschungsprogramme betrachtet werden, die sich auf die Analyse der „ersten Beziehung" richten. Schon in den 60er und 70er Jahren des letzten Jahrhunderts waren Colwyn Trevarthen, Hanuš und Mechthild Papoušek und Daniel Stern dabei zu vergleichbaren Ergebnissen gekommen: In der Regel liegen bei Mutter und Kind grundlegende „gekoppelte Verhaltensbereitschaften" vor. Der Säugling bringt von Geburt an selbst Initiativen in den Kontakt mit seiner Pflegeperson ein, auf die diese mit Blickkontakt und sprachlichem Ausdruck wertschätzend antwortet. C. Trevarthen spricht dabei von „echoing". Stern nennt einen solchen gelungenen Austausch „Zusammen-Tanzen". Für die Papouseks entspricht das abgestimmte Verhalten der Pflegeperson mit dem Säugling einer „intuitiven Didaktik", die sie unbewusst lehrt, mit dem Kind guten Kontakt zu haben.

Das weit über die Niederlande hinaus verbreitete Video-Home-Training (VHT), die insbesondere in Skandinavien häufig eingesetzte „MARTE MEO-Methode" sowie das in Norwegen entwickelte und derzeit in 13 Ländern weltweit implementierte ICD (International Child Development)-Programm beziehen ihre Begründung und Inspiration aus den genannten Forschungsprogrammen. Karsten Hundeide (2001, S. 220) beschreibt unter dem Motto „Sensibilisieren, nicht intervenieren" den Grundgedanken dieser drei Familienhilfeprogramme folgendermaßen: „Die Idee, die Bezugsperson zu sensibilisieren und vorhandene Motive und Fertigkeiten zu reaktivieren, setzt voraus, dass eine sensible und auf das Kind eingehende Betreuung normalerweise nicht antrainiert werden muss, da sie ein natürlicher Prozess ist, der sich aus ihrer spontanen Anteilnahme bezogen auf die Gefühle, Erfahrungen und Absichten ihrer Kinder ergibt". Er spricht in diesem Zusammenhang von „empathischer Identifikation" (Hundeide 2001 S. 223). H. und M. Papoušek (2002, S. 198) sprechen diesen Hintergrund noch deutlicher an, wenn sie feststellen: *„Moreover, educational psychologists may also find it interesting that intuitive parenting provides a window on those didactic interventions that have been selected by Nature during the process of evolution rather than prescribed by some cultural institution"*. Den grundlegenden Prozess, der die Qualität der ersten Beziehung ausmacht, nennen sie *„dialogic interchange"*. Die Elemente gelungener Kommunikation und Interaktion weit über die erste Beziehung hinaus werden in diesen Familienhilfeprogrammen als die kreative Extrapolation und Weiterentwicklung der Bestandteile einer gelingenden ersten Beziehung aufgefasst und begründet.

Die Dominanz der Bindungstheorie und der Bezug auf die humanethologische Forschung sind faszinierend und ungewöhnlich zugleich, weil hierin gattungs- und nicht individualgeschichtliche Argumente dominieren. Sozialisationsbedingungen, Zielgruppen-spezifische Analysen, individuelle Lernanlässe und

Lernmöglichkeiten spielen darin allenfalls eine sekundäre Rolle. Auf das gesamte vorliegende und differenzierte familiensoziologische und -psychologische sowie diagnostische Repertoire kann in den genannten Hilfeprogrammen fast vollständig verzichtet werden. Der Eindruck ist nicht unberechtigt, dass diese Hilfeprogramme sowohl in der Prävention als auch in der Behandlung den Versuch unternehmen, im aktuellen Familienalltag auch unter den komplexeren Bedingungen höherer Altersstufen der Kinder „basale" intuitive Verhaltensbereitschaften bei den Eltern zu erschließen, die einen neuen Ausgangs- und Anfangspunkt bilden, von dem ubiquitäre „heilsame" Einflüsse bis hinein in gesellschaftliche Rahmenbedingungen erwartet werden.

3 Der Zielrahmen von gelungener Kommunikation, Empowerment und Ressourcenorientierung

Hiltrud von Spiegel (vgl. 2004) hat erst neulich wieder auf die hohe Bedeutung und auf die Komplikationen der Zielentwicklung in der Sozialen Arbeit hingewiesen. Sie legt großen Wert darauf, dass im Prozess der Zielentwicklung Diskrepanzen und unterschiedliche Sichtweisen sowohl im Adressatenkreis als auch zwischen den Adressaten und den Fachkräften bearbeitet und in einem Prozess der „Aushandlung" und „Koproduktion" (von Spiegel 2004, S. 136) zu einem Konsens gebracht werden. Familienhilfe ist geradezu dadurch charakterisiert, dass im Prozess der „Bildung von Konsenszielen" in der Regel unterschiedliche Sichtweisen und „Dissense" auftreten, da immer abhängig vom zu Grunde gelegten „Familienbegriff" mehrere Personen (Elternteile, Kind(er), weitere Personen im Nahraum) involviert und zu beteiligen sind. Im Ergebnis der Konsensbildung unterscheidet H. von Spiegel (2004, S. 139) „Wirkungsziele" und „Handlungsziele": „Wirkungsziele sind wünschenswerte Verhältnisse für und Kompetenzen von Adressaten, deren Erreichung durch die Bemühungen der Fachkräfte unterstützt werden soll". Sie sollen „immer positiv formuliert" und in „Teilzielen" konkretisiert werden. „Handlungsziele" stellen demgegenüber „die Arbeitsziele der Fachkräfte dar. Sie beschreiben Vorstellungen über förderliche Bedingungen für die Zielerreichung" (Spiegel 2004, S. 139). In den Prozess der Zielermittlung und Konsensbildung bringen die Fachkräfte Ziel- und Änderungsperspektiven ein, die in den von ihnen vertretenen und verantworteten Handlungsmodellen enthalten sind, und versuchen, diese in den zu verabredenden Wirkungszielen und ihren eigenen Handlungszielen zu verankern. Mehrere Ausgänge sind möglich: Die von den Fachkräften angebotenen Zielperspektiven werden entweder von den AdressatInnen (widerwillig) hingenommen oder nach einer Phase der Vertrauensbildung wertschätzend in passender modifizierter Form akzeptiert oder sie werden abgelehnt.

Neben den Familienhilfeprogrammen, deren Ziel es ist, auf spezifische Zielgruppen bezogen unerwünschtes Verhalten abzubauen (vgl. Briesmeister/Schaefer 1998), gewinnen zunehmend Programme an Gewicht, deren Zielperspektive die „gelungene Kommunikation" darstellt. Dies steht natürlich in engem Zusammenhang mit der im vorigen Abschnitt beschriebenen Verschiebung in den Leittheorien.

K. Schneewind (1995, S. 45) nennt fünf zentrale „Beziehungsfertigkeiten":
- „aktiv zuhören können;
- über sich selbst und für sich selbst sprechen können;
- konstruktiver Umgang mit den eigenen Unzulänglichkeiten und denen der anderen;
- Feedback geben und empfangen können;
- mit Problemen und Konflikten umgehen können".

Diese Beziehungsfertigkeiten sind für K. Schneewind (1995, S. 46) „anpassungsfähig an besondere Personenkonstellationen wie Partner- oder Eltern-Kind-Beziehungen und deren spezifisch inhaltlichen Problemlagen, die sich ihrerseits im Zeitverlauf verändern und stets neue Herausforderungen beinhalten". Vergleichbare Listen findet man – angefangen vom bisher weltweit am meisten verbreiteten PET („Elterntraining") von Thomas Gordon – in vielen aktuellen Programmen.

Wenn nach H. von Spiegel (2004, S. 137) „die Veränderungsperspektive die Himmelsrichtung" angibt, in welche sich Hilfeplanung bewegen wird, haben mit „Empowerment" und „Ressourcenorientierung" zwei weitere eng miteinander gekoppelte Wegweiser an Bedeutung gewonnen. "Während Ressourcenorientierung vor allem den Blick auf die Verteilung, Verfügbarkeit und Beschaffenheit von personalen und materiellen Kraftquellen des Klienten lenkt, geht es beim Empowerment mehr um das Lebensgefühl eines Menschen, das Gefühl von Kontrolle und Macht über sich und sein Leben" (Buchholz-Graf 2001, S. 88).

Jan R. M. Gerris u. a. (1998, S. 413) unterscheiden in der säkularen Entwicklung der Familienhilfen zwei Programmtypen: *„In the past 10 years, new forms of parenting programs have emerged that emphasize the responsibility of the family and the parents. Accordingly, there has been a shift from a problem-oriented approach to forms of empowerment-based care".* Für den neuen Programmtyp haben Carl J. Dunst und seine Mitarbeiterinnen (1994, S. 31) den folgenden Zielrahmen festgelegt: *„Stated differently, the aims of family support programs are to enable and empower people by enhancing and promoting individual and family capabilities that support and strengthen family functioning".* Diese Feststellung gilt als Maßstab, nach dem die Wirkungsziele letztendlich mit Recht konsensuell festgelegt werden.

In der Vielzahl der mittlerweile international entwickelten Familienhilfeprogramme des genannten Typs ergeben sich mindestens drei Probleme oder „Fallen, die ihren Erfolg verhindern" (Minuchin u. a. 2000, S. 276 ff.):

Erstens: Um an den Angeboten der öffentlich finanzierten Familienhilfe im Sinne der Prävention und Behandlung – wie auch anderer sozialer Hilfen – teilhaben zu können, ist es notwendig, dass zuvor die Berechtigung dazu zweifelsfrei dokumentiert wird. Dies ist nur möglich, wenn Problemlagen, Risiken, Schädigungen, Gefahren, Krisen u. ä. belegbar vorliegen. Mag es auch sein, dass der Prozess der Diagnose sowie der Situations- und Problemanalyse institutionell und personell unabhängig und getrennt von der Hilfeplanung und dem Hilfeprozess durchgeführt wird, im Adressatenkreis wird diese Trennung nicht mitvollzogen. Dies kann zur Entstehung einer Doppelbödigkeit im Hilfeprozess führen. Im Sinne des öffentlichen Auftrages geht es um die Beseitigung von Problemen und Defiziten (negativ formulierte Handlungsziele); im Hilfeprozess selbst sollen dagegen positiv formulierte Wirkungsziele angestrebt werden. Eines der stabilsten Ergebnisse der eigenen Evaluationsforschung zum Einsatz von VHT (Kreuzer/ Räder 1996; 1999) war folgendes: Während in der Rhetorik der Fachkräfte „vom Positiven ausgehen „erstes und überzeugendes Grundprinzip von VHT war, spielte in der durch Interviews erfassten Einschätzung der mit VHT behandelten Eltern das Argument, in überzeugender Weise „die eigenen Fehler zu sehen", die erste und entscheidende Rolle (Kreuzer/Räder1999, S. 198).

Zweitens: Abgesehen davon, dass auch Präventionsprogramme in der Gefahr stehen, allein mit dem Blick auf das Risiko und die Gefährdung und damit von negativ formulierten Zielen ausgehend zu operieren, ist es zudem schwer, den Adressatenkreis zu erreichen und adäquat anzusprechen. Für viele Familien, deren Lebenslage von Fachkräften als Risiko wahrgenommen und gedeutet wird, ist genau diese Lebenslage ihre Normalität oder vielleicht sogar ihre mühevoll erreichte Leistung. Im Rahmen der „Aufsuchenden Familientherapie" hat Marie-Luise Conen (2002, S. 43) für den Alltag armer Familien stellt fest: „Respekt vor der Ablehnung und Zurückhaltung gegenüber Hilfeangeboten tragen dazu bei, bei vielen dieser Familien überhaupt einen Zugang zu ermöglichen".

Drittens: Alle „Intensiven Familienerhaltenden Programme" (IFP), z.B. Homebuilders, Families First, FIM – Familie im Mittelpunkt, Familienaktivierungsmanagement (FAM) und Familienstabilisierungsprogramm (FSP) stehen unter dem Druck, die „Vermeidung von Fremdunterbringung" als Ziel ins Zentrum ihrer Bemühungen zu rücken, und erfahren dabei von den öffentlichen Auftraggebern durch die Aussicht auf deutliche Kostenverringerung fördernden Rückenwind. Bei allen quantitativ belegbaren kurzfristigen Erfolgen ist es fraglich, ob es den Eltern gelingt, im Höhepunkt einer Krise und unter dem Druck eines „Entweder-Oder" stabile Wirkungsziele aufzubauen und deren Umsetzung zu erproben. Die Katamnese von Familien mit IFP jedenfalls zeigt, dass ein Großteil der Familien, deren Kinder nicht fremduntergebracht worden waren weiterhin Nachbetreuung und sozialpädagogische Familien über einen längeren Zeitraum benötigen. „Für eine längerfristige Stabilisierung der Familien (wird) eine Einbettung in ein ausdifferenziertes Jugendhilfesystem mit verschiedenen ambulanten und teilstationären Hilfen als notwendig erachtet" (Helming 1999, S. 165; vgl. Minuchin.u. a. 2000, S. 272). Dies ist nachvollziehbar, wenn man ausgehend vom Modell der „intergenerationellen Gerechtigkeit und der Beziehungsethik" von Ivan. Boszormenyi-Nagy den komplexen Prozess in Betracht zieht, der im Zusammenhang mit einer drohenden Fremdunterbringung in Gang kommt (vgl. Ghesquière 2002, S. 279 ff.). Die Tendenz, das Ziel „Vermeidung von Fremdunterbringung" überzubetonen, hat nach David A. Haapala (2001, S. 271), einem der Begründer des „Homebuilder-Programms", in den USA dazu geführt, dass gegenüber vielen Familienerhaltenden Diensten eine „besonders harsche Missbilligung von Anwälten, Kindeswohl-Experten und Anhängern der Vereinigung gegen Gewalt in der Familie" geäußert wurde, die sie gezwungen hat, neue Wege zu gehen (vgl. Whittaker 1997, S. 134).

4   Wirkungsprinzipien auf dem Prüfstand

Familienhilfen sind wie die gesamte Reichweite der Sozialen Arbeit auf Veränderung angelegt. Das dafür nötige Veränderungswissen fragt nach den in den Hilfen repräsentierten Wirkungsprinzipien und ihrer Begründung (vgl. in der Psychotherapie Grawe 1998, S. 87 ff.). In den Handlungsziele und Handlungsschritten der Fachkräfte werden die Wirkungsprinzipien umgesetzt und realisiert. Wirksame Hilfe wurde in der Vergangenheit in erster Linie von lerntheoretisch-orientierten Programmen und Programmen, die sich an der Klienten-zentrierten Gesprächsführung im Gefolge von Carl Rogers orientieren, erwartet (vgl. Schubert 1999, S. 19 ff.). Im Folgenden sollen drei Wirkungsprinzipien angesprochen werden, die in aktuellen Programmen der Familienhilfe enthalten sind:

Von der „Steigerung der Selbstwirksamkeit" und vom „Empowerment" wird erwartet, dass die AdressatInnen in die Lage versetzt werden bzw. dazu in der Lage sind, die gewünschten Ziele selbst zu erreichen und den erreichten gewünschten Zustand situations-gerecht flexibel aufrechtzuerhalten. C. J. Dunst u.a.

(1994, S. 225) nennen als Voraussetzung für ein in diesem Sinn erfolgreiches Helferhandeln eine Verschiebung in den Einstellungen: *„The ability to become family-centered requires a shift in the beliefs professionals have about families and the models which guide the translation of beliefs into practices that truly support and strengthen family functioning"*. Die konsequente Umsetzung in Handlungen und nicht nur in „Haltungen" (Galuske 2002, S. 268) formulieren sie in einer Checkliste von *„Characteristics of Effective Help-Giving Practices"* (Galuske 2002, S. 176). In dieser Checkliste werden *„Prehelping Attitudes and Beliefs"*, *„Help-Giving Behaviors"* und *„Posthelping Responses and Consequences"* unterschieden und an Beispielen verdeutlicht. Als empirischen Beleg für die Wirksamkeit ziehen sie drei umfangreiche Evaluationsstudien (Galuske 2002, S. 212 ff.) heran, in denen drei Familienhilfeprogramme danach verglichen wurden, für wie wirksam die AdressatInnen die Fachkräfte beurteilten. Danach wurden durchgängig Fachkräfte, die sich an Steigerung der Selbstwirksamkeit und am Empowerment orientierten als wirksamer beurteilt als Fachkräfte, die auf der Grundlage ihres Expertentums „paternalistisch" auftraten oder die ihre AdressatInnen als „verlängerten Arm der Experten" behandelten und an ihnen Trainingsprogramme implementierten.

Von der „Sozialraumorientierung" und dem „Einbezug von ehrenamtlichen Laien" wird erwartet, dass einerseits die Isolation belasteter Familien durch Stärkung der sozialen Netzwerke überwunden werden kann und zum anderen die notwendigen Hilfen im sozialen Nahraum überzeugender und verständlicher vermittelt werden.

„A common feature of most family support programs is the emphasis given to the importance of community support. Family support programs recognize the fact that families are embedded within a broader-based community, and that it is this community which is a major source of support and resource for meeting needs" (Dunst u. a. 1994, S. 31). Das „Bundesprojekt: Familien- und Kinderfreundlichkeit in der Kommune" (Hellmann/Borchers 2002) formulierte wesentliche Anstöße dazu, die Sozialraumorientierung der Familienhilfen in der Jugendhilfeplanung weiter zu entwickeln. Durch die Einführung von „Jugendhilfestationen", in denen flexible ambulante Erziehungshilfen Quartiers- und Wohnfeld bezogen gebündelt werden (vgl. Klatetzki 1994), können Familienhilfen enger als bisher mit den kommunalen Ressourcen gekoppelt und präventive Programme sensibler implementiert werden. Auf eine herausragende Kampagne, die eine Sozialraumorientierung repräsentiert, sei kurz hingewiesen: *„Recently in the UK, family support has been more explicitly linked with the reduction of poverty and social exclusion. A number of area-based governmental initiatives have been*

started which aim at providing high levels of services to children and families in poor neighbourhoods. The most developed of these is Sure Start, which is aimed at children under 4 years of age" (May-Chahal u. a. 2003, S. 56).

In allen *„ Community-Based Family Support Programs"*, aber auch darüber hinaus werden gezielt ehrenamtliche Laien in Familienhilfeprogramme einbezogen. Im ICDP wird die pädagogische Arbeit in den Familien ausschließlich von angelernten Mitarbeitern und Mitarbeiterinnen geleistet. Das gleiche gilt für das Projekt „Opstapje", das aus den Niederlanden kommend derzeit an zwei Standorten in Deutschland erprobt wird; dort arbeiten „Hausbesucherinnen", die aus dem Umfeld der Zielpopulation „sozial benachteiligte Familien" stammen und selbst Mütter sind, als „zentrale Vermittlerinnen zwischen TeilnehmerInnen und Programmzielen". Seit Inkrafttreten des Social Service Act im Jahre 1982 hat sich in Schweden eine Familienhilfepraxis eingespielt, in der „Kontaktpersonen" oder „Kontaktfamilien" Kinder und deren Eltern über einen festgelegten Zeitpunkt besuchen, unterstützen und betreuen. *„ Contact persons are volunteers in the public sector; they are people without special training, but are approved of, paid (a small sum) and supervised by social services"* (Andersson 2003, S. 303). 1999 war die Anzahl der Kinder und Familien mit Kontaktpersonen (21.500) höher als die Anzahl der Kinder in Fremdunterbringung (17.500); ein Kind von 100 hatte somit landesweit gesehen eine ihm zugeordnete Kontaktperson bzw. Kontaktfamilie. Die offiziellen Kriterien (2000) bei der Auswahl der Kinder lauten: *„ Families with children with an insufficient network and in need of support and relief as parents; families in crisis – for example, because of divorce, or physical or mental illness; young people with difficulties at school or with psychosocial problems and need of adult support; families from other coutries without a functioning network in Sweden"* (Andersson 2003, S. 294). Das großzügig finanzierte britische Sure Start-Programm baut auf einen Synergie-Effekt durch die direkte Zusammenarbeit von professionellen und ehrenamtlichen Mitarbeitern. D. A. Haapala (2001, S. 272) betont in seinem neuen Konzept, das ausdrücklich als Alternative zum Homebuilders-Programm formuliert ist, die besondere Bedeutung der „natürlichen Helfer" aus der Gemeinde: „Sie sind häufig besser als viele Fachleute mit den Feinheiten der öffentlichen Bürokratien und mit deren Arbeitsweisen vertraut, weil auch ihr persönliches Wohlergehen oft von diesem Verstehen abhängt. Sie wissen, welche Strategien in ihrer Nachbarschaft wirken und welche nicht. Sie kennen die Bedürfnisse in ihrer Gemeinde". Um die nötige Fachlichkeit zu gewährleisten, werden in der Regel in allen genannten Programmen die ehrenamtlichen Helfer in die Programmelemente – in manchen Fällen in erstaunlich kurzer Zeit, z. B. im ICDP vier Tage – eingeführt und erhalten mehr oder weniger regelmäßige Anleitung und Praxisbegleitung durch professionelle HelferInnen.

Der Zeitpunkt der Einführung des „Kontakt-Person-Systems" in Schweden und die Finanzierungsbasis des aktuellen Sure Start-Programms deuten daraufhin, dass Kosteneinsparungsargumente bei der Einführung von Laienhelferprogrammen nicht dominierend sein müssen.

Vom zunehmenden Einsatz des „Video-Feedback" wird zum einen erwartet, eine „objektivere" Basis, als es Gespräche und sprachliches Material bieten, für die Beratung von Familien zu finden, und zum anderen, die gefilmten Personen in vertiefte Prozesse der Selbstwahrnehmung, Verantwortlichkeit, Selbstwirksamkeitserfahrung, Selbstverstärkung und Selbstreflexion zu führen. Bei Nutzung der technischen Möglichkeiten, mit einem Video umzugehen, informiert zudem der Film „als ‚Verhaltensmikroskop' über Verhaltensweisen, die oft unbemerkt bleiben" (Schepers/Kreuzer 2001, S. 189; vgl. Schepers/König 2000, S. 112) und somit der Bearbeitung zugängig gemacht werden. In der Regel werden kleine Sequenzen aus der Interaktion von Eltern mit ihren Kindern gefilmt und in einer Rückschausitzung nach bestimmten Kriterien besprochen und bearbeitet. Für die „Marte Meo-Methode" und das Video-Home-Training (VHT) ist das Video als Feedback-Instrument genuiner Bestandteil. In der Evaluationsstudie zum VHT (Kreuzer/Räder 1999) haben Eltern, die mit VHT behandelt worden waren, auf die Frage „Was fanden Sie besonders gut an dieser Methode?" durchgängig „das Filmen" geantwortet. Stellvertretend sei eine Mutter zitiert: „Dieses Filmen. Dass man selber mal sehen kann, wie man wirklich mit seinem Kind umgeht – man merkt es ja so gar nicht. Dass man auch die Kleinigkeiten sehen kann, z.B. wie der Blickkontakt ist. Die Kleinigkeiten sind sehr wichtig" (Kreuzer/Räder 1999, S. 186). Ein Kernstück im STEEP-Programms stellt ebenfalls „Videogestützte Intervention" dar; das Prinzip wird dort *„Seeing is Believing-Strategie"* genannt (vgl. Erickson 2002, S. 293). Exemplarisch seien einige Fragen kurz vorgestellt, die anhand des Films bezogen auf die Eltern-Kind-Interaktion gestellt werden: „Sie scheinen genau gewusst zu haben, was ihr Kind wollte. Wie kam's?" „Was denken Sie, fühlt Ihr Kind da?" „Schauen Sie, was ihr Kind gerade gemacht hat; was will es Ihnen sagen?" (STEEP-Based Intervention. Hamburg) Auch THERAPLAY, ein elaboriertes Behandlungsmodell, das ebenfalls versucht, die Bindungsfähigkeiten der Eltern zu steigern, setzt das Video-Feedback gezielt ein (vgl. Booth/Koller 1998, S. 320 ff.). Die Beispiele, die angeführt werden, demonstrieren den Bedarf an basalen positiven Erfahrungen: *„For example, by watching herself on videotape, a mother can see how effective it was for her to touch her child and gently redirect his out-of-control behavior. Or a father might suddenly realize how very important he is to his son as he watches how warmly he is greeted and how adoringly he is looked at when he returns to the room"* (Booth/Koller 1998, S. 323).

Der Einsatz des mächtigen Wirkmittel Video-Feedback darf nicht verwechselt werden mit dem weit verbreiteten Einsatz von Videos zu Demonstrations- und Lehrzwecken. Carolyn Webster Stratton und Lois Hancock (1998, S. 131 f.) haben in 20-jähriger Forschungs- und Erprobungsarbeit das BASIC- und darauf aufbauend das ADVANCE-Programm entwickelt, in dem sie in Ihren Elterntrainings durch den Einsatz von vorproduzierten Video-Sequenzen das Wirkprinzip „Modell-Lernen" zum Einsatz bringen.

Handlungsmodelle in der Familienhilfe können weiter differenziert werden nach der Anzahl der eingesetzten Wirkprinzipien. So gibt es „schlanke" Handlungsmodelle, die auf wenige Wirkprinzipien setzen; VHT und MARTE MEO nutzen „nur" das Video-Feedback und die „ressourcen-orientierte Beratung". Demgegenüber liegen Handlungsmodelle vor, die viele verschiedene Wirkprinzipien in einem „Paket" bündeln und flexibel einsetzen; ein typisches Beispiel dafür ist „Familie im Mittelpunkt. Handbuch effektives Krisenmanagement für Familien" (Gehrmann/Müller 1998). Die Vielzahl der darin aufgelisteten möglichen Arbeitsweisen (Gehrmann/Müller 1998, S. 93-159, S. 223-257) ist allein schon an der großen Anzahl der herangezogenen und genutzten „theoretischen und konzeptionellen Grundlagen" zu ersehen (Gehrmann/Müller 1998, S. 45-92).

5   Weitere Diversifizierung in den Settings

Settings sind die Arrangements, die Fachkräfte für nötig halten, um ihre Handlungsmodelle einsetzen zu können. Für die AdressatInnen sind Settings die Bedingungen, auf die sie sich im Hilfeprozess einlassen müssen, auf die sie sich aber auch verlassen können sollten. Dass Kompromisse möglich sind, ist nicht auszuschließen.

Neben den traditionellen Settings Familien- und Erziehungsberatung, Elternschule, Familienbildung, Mütter-Kind-Kurheim, Familientherapie und Fremdunterbringung haben gerade in der Arbeit mit sozial benachteiligten Familien neue Settings an Gewicht gewonnen. Ihre Charakteristika zeigen sich schon in den Begriffen, mit denen sie belegt sind: „Aufsuchende Familientherapie" (Conen 2002), „Betreuung in der Familie durch ambulante Dienste" (Minuchin, u. a. 2000), „In-Home Services", „Home-Based Family Services", „Hometrainings" oder „Zuhause (Thuis)-Behandlung" (Schepers/Kreuzer 2001, S. 195 ff.). In den genannten Handlungsmodellen wird die Wohnung als Ort der Hilfe gewählt und die Hilfe so weit als möglich in die Echtzeit der Familie verlagert. In ihnen verzichten die Fachkräfte auf ihre Gestaltungshoheit angefangen von der Anordnung der Sitzgelegenheiten bis zur Störungsfreiheit („Bitte nicht stören!"). Die Familien geben im Gegenzug ihre Privatheit auf Zeit für eine ihnen zunächst fremde, manchmal öffentliche, Person preis. In den Niederlanden ist die Praxis dieses neuen Settings intensiv beforscht worden; deshalb sei hier kurz darauf Bezug genommen. Herman E. M. Baartman (1998, S. 113) listet die folgenden drei wesentlichen Vorteile von „Home-Based Services" auf: *„To sum up: ecological diagnostics, a practical hands-on method directly focused on daily situations, and improved chances of the development of a relationship between client and helper, together constitute the arguments in favour of providing care to problem families within the home itself"*. Wie kompliziert und langwierig der Prozess der Beziehungsentwicklung sein kann – um einen der drei genannten Vorteile aufzugreifen –, zeigen retrospektive Aussagen von Eltern, die solche Hilfen erhalten hatten: Eine Mutter sagt, dass sie die Familienhelferin zunächst gar nicht in der Wohnung lassen wollte, da sie davon ausging „jetzt kommt da so eine Frau vom Jugendamt und will mich bewachen und mit dem Zeigefinger und so – deswegen war es am Anfang auch ganz schwer" (Baartman 1998, S. 85). Ein Vater erklärt, nach der Dauer der Familienhilfe gefragt: „Ja zwei Jahre, und das erste Jahr zur Vertrauensbasis" (BMFSFJ 1998, S. 89). Eine Familienbegleiterin erinnert sich an die Worte eines Vaters, nachdem eine Krisenperiode durchgestanden war, in der sie viele Frustrationen hatte einstecken müssen: „Ich möchte mich noch entschuldigen für alles, was ich dir in den letzten Wochen angetan habe. Das war nicht mehr schön. (...) Aber du bist auch die einzige, die mir zuhört, mir der ich mal reden kann" (Broos 2001, S. 305).

In Bezug auf die zeitliche Ausdehnung der Hilfe stehen sich derzeit mindestens vier konkurrierende Programmtypen gegenüber: Zum einen treten Programme auf, die eine strikt begrenzte kurze Zeitdauer mit hoher Frequenz und Intensität der Besuchskontakte verknüpfen. Zum anderen behaupten einzelne Programme, in einem überblickbaren aber flexiblen Zeitraum eine hohe Intensität der Hilfe bei relativ wenigen Besuchskontakten zu erreichen. Die sozialpädagogische Familienhilfe (SPFH) als ambulantes Kompaktangebot, in dem in der Regel Elemente aus verschiedenen Handlungsmodellen in relativ langem und personalintensivem Einsatz kombiniert werden, ist in stetigem Wachstum begriffen (Zuwachs z.B. in NRW von 7.877 durch SPFH betreute Kinder im Jahr 1991 auf 17.542 Kinder im Jahr 2001; HzE Bericht 2003). Die Anzahl der langfristigen stationären Hilfen hat sich jedoch nicht im vergleichbaren Umfang reduziert (z. B. in NRW waren 34.890 Kinder 1991 in stationärer Betreuung; 2001 waren es 37.404 Kinder; HzE Bericht 2003). Angesichts der Tatsache, dass mit der vorgesehenen Dauer eines Handlungsmodells die Kosten seines Einsatzes eng verbunden sind, ist es schwierig, diesen Befund zu interpretieren. Es dürfte nur nachzuvollziehen sein, welches dieser vier Programmtypen gewählt wird und zum Zuge kommt, wenn man die

lokalen und landesspezifischen Konstellationen im gesellschaftlichen Funktions-
system „Familienhilfe und „Familienpolitik" kennt; die Problemlage der Familie
zu kennen, reicht dazu nicht aus.

6   Evaluation und Abschluss einer Familienhilfe

Eng mit dem eben dargestellten Befund verbunden ist die Fragestellung, welche
Kriterien in den Handlungsmodellen der Familiehilfe dafür angegeben werden,
wann eine Hilfe erfolgreich ist und abgeschlossen werden kann. Aus der kurzzeit-
therapeutischen Diskussion stammt ein überraschendes Argument, das die vorher
festgelegte Dauer der Hilfe – auch und gerade bei Problemfamilien – in einen
direkten Zusammenhang mit dem Erfolg der Hilfe bringt. „Die Ankündigung
der Dauer einer Hilfe stellt selbst eine Intervention dar. (...) Die Signale dieser
Ankündigung markieren gerade für die Familien mit sehr komplexen Problemen
entscheidende Haltungen: Wir trauen ihnen eine Veränderung zu! Wir trauen ihnen damit zu, in absehbarer Zeit auch ohne Hilfe auszukommen" (Golz 2002,
S. 168).

Abgesehen davon und unabhängig von Bewilligungszeiträumen ist der Abschluss einer Familienhilfe das Ergebnis eines Prozesses der „Evaluation, der kon-
tinuierlich prüft, wie nahe man an die Verwirklichung der Ziele herangekommen
ist" (Berg 1998, S. 137). Die Zielumsetzung zum Kriterium für den Abschluss
einer Familienhilfe zu machen, hängt nach Kim Insoo Berg (1998) natürlich mit
der Art der Ziele zusammen, die gewählt und im Prozess der Hilfe revidiert worden sind: „Wenn in einem Fall keine Bewegung zustande kommt, so stellt dies
einen gültigen Grund für eine Beendigung dar. K. I. Berg (1998, S. 143) schlägt
vor, „anstatt ‚mehr desselben‘ von etwas zu tun, was nicht funktioniert", ohne die
Frage nach ‚den Schuldigen großes Gewicht zu verleihen, nach Alternativen zu
suchen.

Wenn nach H. von Spiegel (2004) Ziele in Ko-Produktion mit den Adressat-
Innen entwickelt wurden und „Konsensziele" darstellen, ist es selbstverständlich,
dass die Evaluation ebenfalls kooperativ verläuft. Dabei ist allerdings zu erwarten,
dass die Einschätzungen der AdressatInnen nicht identisch mit denen der Fachkräfte ausfallen (meist positiver), dass die Meinungen der Kinder sich nochmals
von beiden unterscheiden und dass die AdressatInnen bei ihren Einschätzungen
nicht die Problemveränderung, sondern in erster Linie die Beziehungserfahrung
in den Mittelpunkt stellen. (vgl. Kreuzer 2001, S. 37 ff.) Mit Einigkeit im Helfer-
Familien-System und in den Subsystemen der Familie ist auf die Hilfe bezogen
nicht zu rechnen. Einige Handlungsmodelle der Familienhilfe nutzen bei der Eva-

luation darüber hinaus Instrumente in Form von Fragebögen und Beurteilungsskalen (vgl. BMFSFJ 1998, S. 320 ff.) und beziehen Fremdevaluation im Team oder in der Supervision als Orientierungshilfe ein.

7 Abschließende Bemerkung und Perspektive

Es war in diesem Beitrag nicht die Absicht, einer beliebigen Zusammensetzung von Handlungsmodellen der Familienhilfe aus fünf Bausteinen das Wort zu reden. Vielmehr sollte versucht werden, Anhaltspunkte zur Analyse von Handlungsmodellen zu formulieren und mögliche Alternativen und Weiterentwicklungen kenntlich zu machen. Der „Blick über den Zaun" kann dabei hilfreich sein. Wie dies in elaborierter Form möglich, zeigt das IKARUS-Projekt (Hetherington u. a. 2000). Darin wurde Fachkräften der Familienhilfe in verschiedenen Ländern ein identischer Fall, in dem drei Stufen eines Familienproblems geschildert sind, zugeschickt mit der Bitte, das Hilfeangebot zu entwerfen, mit dem man in ihrem Land in diesem Fall rechnen könne. Rachael Hetherington (2003, S. 125) resümiert das Ergebnis der Studie folgendermaßen: *„The use of comparison in evaluation thus tends to produce more questions than answers. Comparison undermines certainties about facts and about the interpretation of facts, and challenges assumptions about values and about the connections between values and action. This can feel risky but also exciting; and the risks are well worth taking".*

Literatur

Andersson, G. (2003): Evaluation of the Contact Family Service in Sweden. In: Katz, I./Pinkerton, J. (Hrsg.) (2003): Evaluating Family Support. Thinking Internationally, Thinking Critically. Chichester, S. 291-306.

Baartmann, H. E. M. (1998): Home-based services: to each his own? In: Hellinckx, W./Colton, M./ Williams, M. (Hrsg.) (1998): International Perspectives on Family Support. Aldershot, S. 108-123.

Bartlett, H. M. (1976): Grundlagen beruflicher Sozialarbeit. Freiburg.

Berg, K. I.: Familien – Zusammenhalt(en) (⁵1998): Ein kurz-therapeutisches und lösungs-orientiertes Arbeitsbuch. Dortmund.

Booth, Ph. B./Koller, T. J. (1998): Training Parents of Failure-to-Attach Children. In: Briesmeister, J. M./ Schaefer, Ch. E. (Hrsg.) (²1998): Handbook of Parent Training. Parents as Co-Therapists for Children's Behavior Problems. New York, S. 308-342.

Briesmeister, J. M./Schaefer, Ch. E. (Hrsg.) (²1998): Handbook of Parent Training. Parents as Co-Therapists for Children's Behavior Problems. New York.

Broos, D. (2001): Die Perspektive von chancenarmen Familien in der Jugendhilfe. In: Kreuzer, M. (Hrsg.) (2001): Handlungsmodelle in der Familienhilfe. Zwischen Networking und Beziehungsempowerment. Neuwied, S. 295-305.

Buchholz-Graf, W. (2001): Empowerment und Ressourcenorientierung in der Familien-, Kinder- und Jugendhilfe. Zwei Konzepte, ihre Allianz und ihre Methoden. In: Kreuzer, M. (Hrsg.) (2001): Handlungsmodelle in der Familienhilfe. Zwischen Networking und Beziehungsempowerment. Neuwied, S. 85-109.

Bundesministerium für Familien, Senioren, Frauen und Jugend – BMFSFJ (Hrsg.) (²1998): Handbuch Sozialpädagogische Familienhilfe (DJI Deutsches Jugendinstitut). Stuttgart.

Conen, M.-L. (Hrsg.) (2002): Wo keine Hoffnung ist, muss man sie erfinden. Aufsuchende Familientherapie. Heidelberg.

Dunst, C. J./Trivette, C. M./Deal, A. G. (Hrsg.) (1994): Supporting & Strengthening Families. Bd. 1: Methods, Strategies and Practices. Cambridge.

Erickson, M. F. (2002): Bindungstheorie bei präventiven Interventionen. In: Britsch, K. H. u. a. (Hrsg.) (2002): Bindung und Seelische Entwicklungswege. Stuttgart, S. 289-303.

Galuske, M. (²1998; ⁴2002): Methoden der Sozialen Arbeit. Eine Einführung. Weinheim u. München.

Gehrmann, G./Müller, K. D. (1998): Praxis Sozialer Arbeit: Familie im Mittelpunkt. Handbuch effektives Krisenmanagement für Familien. Regensburg.

Geißler, K-H./Hege, M. (⁹1999): Konzepte sozialpädagogischer Arbeit. Ein Leitfaden für soziale Berufe. Weinheim.

Gerris, J. R. M. u. a. (1998): From Parent Education to Family Empowerment Programs. In: L'Abate, L. (Hrsg.) (1998): Family Psychopathology: The Relational Roots of Dysfunctional Behavior. New York, S. 401-426.

Ghesquière, P. (2001): Multiproblem-Familien mit ernsthaften Erziehungsproblemen. Ein Streit um Perspektiven. In. Kreuzer, M. (Hrsg.) (2001): Handlungsmodelle in der Familienhilfe. Zwischen Networking und Beziehungsempowerment. Neuwied, S. 279-294.

Golz, A. (2002): „Multiproblemfamilien" und kurzzeitorientierte Hilfeansätze: ein Widerspruch? In: Conen, M.-L. (Hrsg.) (2002): Wo keine Hoffnung ist, muss man sie erfinden. Aufsuchende Familientherapie. Heidelberg, S. 164-173.

Grawe, K. (1998): Psychologische Therapie. Göttingen.

Grossmann, K. E./Grossmann, K. (2003): Bindung und menschliche Entwicklung. Stuttgart.

Haapala, D. A. (2001): Formen der Hilfe für Familien in den USA ändern sich. In: Kreuzer, M. (Hrsg.) (2001): Handlungsmodelle in der Familienhilfe. Zwischen Networking und Beziehungsempowerment. Neuwied, S. 259-278.

Hellinckx, W./Colton, M./Williams, M. (Hrsg.) (1998): International Perspectives on Family Support. Aldershot.

Hellmann, M./Borchers, A. (2002): Familien- und Kinderfreundlichkeit. Prüfverfahren – Beteiligung – Verwaltungshandeln. Ein Praxisbuch für Kommunen. Stuttgart.

Helming, E. (1999): Hilfen für Familien in Krisensituationen. Vom "Homebuilders Model" über das "Families First Program" zu Familienaktivierungs-Konzepten in der Bundesrepublik Deutschland. In: Hornstein, W./Lüders, Ch./Winkler, M. (Hrsg.) (1999): Erziehung und sozialer Wandel. Brennpunkte sozialpädagogischer Forschung, Theoriebildung und Praxis. Zeitschrift für Pädagogik, 39. Beiheft. Weinheim u. Basel, S. 153-168.

Hetherington, R. u. a. (2000): Professional interventions for mentally ill parents and their children: Building a European model. Final report on the Icarus Project. Centre of Comparative Social Work Studies. Brunel University.

Hetherington, R. (2003): Comparative Research as a Method of Evaluating Systems. In: Katz, I./ Pinkerton, J. (Hrsg.) (2003): Evaluating Family Support. Thinking Internationally, Thinking Critically. Chichester, S. 111-126.

Hundeide, K. (2001): Sensibilisieren – nicht intervenieren. Begründung und Beschreibung des International Child Development-Programm (ICDP). In: Kreuzer, M. (Hrsg.) (2001): Handlungsmodelle in der Familienhilfe. Zwischen Networking und Beziehungsempowerment. Neuwied, S. 219-242.

Katz, I./Pinkerton, J. (Hrsg.) (2003): Evaluating Family Support. Thinking Internationally, Thinking Critically. Chichester.

Killen, K. (2000): Barndommen varer i generationer. Forbyggelse af omsorgssvigt. (Die Kindheit dauert Generationen. Prävention von Vernachlässigung.). Oslo.

Kraemer, S./Roberts, J. (Hrsg.) (1996): The Politics of Attachment. Towards a Secure Society. London.

Kreuzer, M./Räder, H. (Hrsg.) (^{2}1999): Video-Home-Training. Kommunikation im pädagogischen Alltag. Eine erprobte Methode (nicht nur) in der Familienhilfe. Mönchengladbach.

Kreuzer, M. (1999): Einschätzung der Methode des Video-Home-Trainings durch Eltern. In: Kreuzer, M./Räder, H. (Hrsg.) (1999): Video-Home-Training. Kommunikation im pädagogischen Alltag. Eine erprobte Methode (nicht nur) in der Familienhilfe. Mönchengladbach, S. 175-199.

Kreuzer, M. (Hrsg.) (2001): Handlungsmodelle in der Familienhilfe. Zwischen Networking und Beziehungsempowerment. Neuwied.

Kreuzer, M. (2001): „Das Richtige tun und es richtig machen". Die Methodefrage in der Sozialen Arbeit im Spiegel von Anforderungen, Hoffnungen und Erfahrungen. In: Kreuzer, M. (2001): Handlungsmodelle in der Familienhilfe. Zwischen Networking und Beziehungsempowerment. Neuwied, S. 13-65.

Lowy, L. (1983): Sozialarbeit/Sozialpädagogik als Wissenschaft im angloamerikanischen und deutschsprachigen Raum. Freiburg.

May-Chahal, C./Katz, I./Cooper, L. (2003): Social Exclusion, Family Support and Evaluation. In: Katz, I./Pinkerton, J. (Hrsg.) (2003): Evaluating Family Support. Thinking Internationally, Thinking Critically. Chichester, S. 45-71.

Minsel, B. (1989): Beratung für Familien. In: Paetzold, B./Fried, L. (Hrsg.) (1989): Einführung in die Familienpädagogik. Weinheim u. Basel, S. 280-296.

Minuchin, P./Colapinto, J./Minuchin, S. (2000): Verstrickt im sozialen Netz. Neue Lösungswege für Multiproblem-Familien. Heidelberg.

Papoušek, H./Papušek, M. (2002): Intuitive Parenting. In: Bornstein, M. H. (Hrsg.) (2002): Handbook of Parenting. Bd 2: Biology and Ecology of Parenting. London, S. 183-203.

Pecora, P. J./Whittaker, J. K./Maluccio, A. N. (1992): The Child Welfare Challenge. Policy, practice and research. New York.

Pecora, P. (2003): Issues in Evaluating Family Support Services: An American Perspective. In: Katz, I./Pinkerton, J. (Hrsg.) (2003): Evaluating Family Support. Thinking Internationally, Thinking Critically. Chichester, S. 89-110.

Rye, H. (^{2}2002): Tidlig hjelp til bedre samspill. (Frühe Hilfen für ein besseres Zusammenleben.).

Schepers, G./König, C. (2000): Video-Home-Training. Eine neue Methode der Familienhilfe. Weinheim u. Basel.

Schepers, G./Kreuzer, M. (2001): „Seit ich sehen gelernt habe, sehe ich so viel". Über Video-Home-Training. In: Kreuzer, M. (Hrsg.) (2001): Handlungsmodelle in der Familienhilfe. Zwischen Networking und Beziehungsempowerment. Neuwied, S. 189-218.

Schneewind, K. (1995): Kinder und Jugendliche im Kontext der Familie: Strategien für eine entwicklungsfördernde Erziehung. In: Edelstein, W. (Hrsg.) (1995): Entwicklungskrisen kompetent meistern. Der Beitrag der Selbstwirksamkeitstheorie von Albert Bandura zum pädagogischen Handeln. Heidelberg, S. 43-51.

Schubert, F.-Ch. (1999): Eltern- und Familientrainings: Fachliche Entwicklungen vom Training zum systemischen Denken. In: Kreuzer, M./Räder, H. (Hrsg.) (^{2}1999): Video-Home-Training. Kommunikation im pädagogischen Alltag. Eine erprobte Methode (nicht nur) in der Familienhilfe. Mönchengladbach, S. 19-63.

Spiegel, H. v. (2004): Methodisches Handeln in der Sozialen Arbeit. München u. Basel

Webster-Stratton, C./Hancock, L. (1998): Training for Parents of Young Children with Conduct Problems: Content, Methods, and Therapeutic Processes. In: Briesmeister, J. M./ Schaefer, Ch. E. (Hrsg.) (^{2}1998): Handbook of Parent Training. Parents as Co-Therapists for Children's Behavior Problems. New York, S. 98-152.

Whittaker, J. K. (1998): Intensive Family Preservation Work with High-Risk Families. Critical Challenges for Research, Clinical Intervention and Policy. In: Hellinckx, W./Colton, M./Williams, M. (Hrsg.) (1998): International Perspectives on Family Support. Aldershot, S. 124-139.

Stichwort

Methoden in der Sozialen Arbeit –
Stellenwert, Überblick und Entwicklungstendenzen

E. Jürgen Krauß

Einleitung

In der Auseinandersetzung mit Methoden Sozialer Arbeit stellen sich zunächst einige grundlegende Fragen:

- Welche Merkmale klassifizieren Handlungsanweisungen in der Sozialen Arbeit zu Methoden?
- Wozu sollen sie dienen und was leisten sie tatsächlich?
- Von welchen Rahmenbedingungen hängt ihre Leistungsfähigkeit ab?

Geht man diesen Fragen nach wird deutlich, dass in der Sozialen Arbeit erstens weder über den Methodenbegriff noch zweitens über einen Methodenkanon Konsens besteht: Was die einen als Technik, im Beratungsgespräch, klassifizieren, gilt den anderen bereits als Methode. Beide Sachverhalte hängen eng mit den folgenden Problemen zusammen:

- Im Vordergrund berufspraktischer Methodenüberlegungen steht die Frage nach der Brauchbarkeit systematischer Handlungsanleitungen, insbesondere unter Aspekten der Effektivität und Effizienz. Das Handlungswissen gründet auf Berufserfahrungen und auf Verfahrensweisen, die aus den Bezugswissenschaften Sozialer Arbeit erschlossen werden.
- Das Veränderungsverhalten mit und an eigenwilligen Menschen in eigenartigen Lebenslagen durch eigenartige und eigenwillige SozialarbeiterInnen sperrt sich seinem Charakter nach gegen Systematisierung von Verhaltensweisen. Nicht zufällig wurde in der „klassischen" Methodendiskussion methodisches Arbeiten als „Kunst" verstanden.
- Der Komplexität und Vielgestaltigkeit der Verhältnisse, deren Veränderung methodisch intendiert ist, entspricht die Komplexität und Vielgestaltigkeit der Handlungsformen Sozialer Arbeit. Dieser Umstand erschwert präzise begriffliche Bestimmungen.
- Die enorme Ausdifferenzierung der Sozialen Arbeit erschwert die Verständigung auf einen sinnvollen übergreifenden Methodenbegriff, denn die ver-

schiedenen Berufsfelder haben erheblich differierende Handlungskulturen entwickelt, um ihre unterschiedlichen Aufgabenstellungen zu bewältigen. Mit jeder dieser Kulturen, der Sozialtherapie oder der Straßensozialarbeit, ist ein bestimmter, identitätsstiftender beruflicher Habitus verbunden, der die Differenzen zwischen den unterschiedlichen Arbeitsfeldern sozialer Arbeit verfestigt.

- Zur Klärung des Methodenbegriffs ist jedoch auch die Auseinandersetzung zwischen den unterschiedlichen Systemen der sozialberuflichen und der sozialwissenschaftlichen Praxis erforderlich. Der Unterschied zwischen der primären Forschungsorientierung der Vertreter der Sozialwissenschaften gegenüber der primären Handlungsorientierung der VertreterInnen der Sozialberufe evoziert Verständigungsprobleme und Interessenkollisionen.

Während jene die Einhaltung wissenschaftlicher Standards für ihr methodisches Arbeiten reklamieren, kommen methodisch arbeitende SozialarbeiterInnen in Legitimationsnöte, da sie nur sehr selten in standardisierten Settings arbeiten. Vielmehr handeln sie im weder standardisierten noch standardisierbaren „unordentlichen" Alltag der KlientInnen und im Dschungel der Institutionen Sozialer Arbeit. Insofern sind wissenschaftliche Methodenanforderungen an Soziale Arbeit nur bedingt angemessen. Vielmehr ist die Legitimation von Methoden Sozialer Arbeit primär aus ihrer Handlungsmächtigkeit herzuleiten.

Wegen dieser vielfältigen Probleme sollen zunächst Begriffsklärungen zu Methoden Sozialer Arbeit und verwandter Begriffe geleistet werden. Daran schließt sich sinnvoll die Darstellung methodischer Grundsätze an. Die im Anschluss dargestellten Rahmenbedingungen sind wichtige Faktoren für die Methodenentwicklung und -anwendung und zwingen zugleich die Frage nach Wirkungen methodischen Arbeitens auf. Ein Methodenüberblick und ein Ausblick sollen die Überlegungen abschließen.

1   Begriffsklärungen

Aus den Erfordernissen „guter" sozialberuflicher Praxis, den Definitionen in der Methodenliteratur und dem sozialwissenschaftlichen Diskussionsstand werden im Folgenden Elemente eines Methodenbegriffs Sozialer Arbeit (vgl. Galuske 2003, S. 23-34) zusammen getragen:

- Methoden Sozialer Arbeit sind systematische Handlungsformen für den zielgerichteten beruflichen Umgang mit sozialen Problemen.

- Sie basieren auf professioneller Ethik, sozial- und humanwissenschaftlichen Erkenntnissen und reflektierter Berufserfahrung.
- Sie sind für ihren Einsatzbereich allgemeingültig, bieten jedoch keine rezepthaften Handlungsanleitungen. Vielmehr ermöglichen sie situationsbezogenes Arbeiten, um den Eigenarten und Besonderheiten der Menschen und Probleme gerecht werden zu können.
- Methoden Sozialer Arbeit bestimmen die Ziele, Gegenstände und Mittel des reflektierten Handelns; sie sind zielgerichtet, systematisch strukturiert und prozessorientiert.
- Ihrer Prozessorientierung entspricht die Bestimmung der methodischen Schritte, deren idealtypische Abfolge und Verhältnis.
- Schließlich bestimmen sie den erforderlichen Rahmen und die Faktoren ihrer erfolgversprechenden Anwendung; also die räumlichen und zeitlichen Bedingungen, die Gestaltung der Beziehung zwischen KlientInnen und SozialarbeiterInnen, die Organisation der Zusammenarbeit, die institutionell-organisatorischen und die rechtlichen Vorgaben.
- Es gibt keine Methode, die sich zur Bearbeitung aller Probleme der sozialberuflichen Praxis eignet. Deshalb ist für jede Methode zu bestimmen, welche Probleme mit ihr erkannt und bearbeitet werden können und für die Zusammenarbeit mit welchen Personen(-gruppen) sie geeignet ist.
- Aus dem Bisherigen ergibt sich abschließend das Merkmal der Reflexivität methodischen Arbeitens. Nur der stetige Wechsel zwischen Aktion und Reflexion ermöglicht prozess- und situationsbezogenes Arbeiten.

Soweit lassen sich Merkmale eines Methodenbegriffs Sozialer Arbeit bestimmen, die Elemente aller gängigen Definitionen der Methodenliteratur umfassen. Neben dem Methodenbegriff werden aber auch andere Begriffe verwendet, deren Verwendung häufig unklar bleibt oder verwirrt. Sie sollen im Folgenden dargestellt und definiert werden. In der sozialberuflichen Praxis und in praxisbezogenen Beiträgen wird zunehmend der Begriff *Konzept* verwendet. Dies geschieht vor allem dort, wo neue berufliche Arbeitsformen entwickelt und beschrieben werden, die noch nicht als Methode kanonisiert, sondern in Entwicklung begriffen sind. Deshalb ist diese Begriffsverwendung durchaus sinnvoll, folgt sie doch den enormen gesellschaftlichen Umbrüchen und den parallelen Entwicklungsanforderungen an Soziale Arbeit. Deshalb ist an dieser Stelle auch der Konzeptbegriff knapp zu bestimmen. Er ist gegenüber dem Begriff der Methode grundsätzlicher und weiter gefasst. Konzepte haben vornehmlich eine programmatische Bedeutung. Sie betonen einen Aspekt, der bisher vernachlässigt wurde oder als neue Anforderung aufgrund gesellschaftlicher Entwicklungen an die Soziale Arbeit gerichtet ist; die Lebenslage, die Lebenswelt, den sozialen Raum, die Biographie, die Bürgerbeteiligung oder eine Kombination dieser Aspekte. Von der programmatischen Bestimmung werden Prinzipien und Arbeitsweisen abgeleitet. In der konzeptgeleiteten Arbeit werden sowohl erprobte Methoden und Techniken zur Umsetzung der angestrebten Ziele und Prinzipien eingesetzt, wie auch neue Arbeitsformen „erfunden". Als *Techniken* werden erprobte, standardisierte Verhaltensmuster bezeichnet, deren Wirkung mit hoher Wahrscheinlichkeit voraussagbar ist. Im vorliegenden Zusammenhang sind Techniken der Kontaktnahme, der Gesprächsführung, der Materialerhebung und -sammlung, der Planung, der Rollenklärung, der Phasierung von Prozessen, der Prozessorganisation und der Moderation von Sitzungen und lokalen Prozessen relevant. Techniken sind integrierte Methodenelemente, die der Operationalisierung dienen. In den sozialen Berufen wird der Begriff der Technik ungern verwendet. Dieser Widerstand leitet sich vermutlich aus dem Berufsethos ab, das die technische Manipulation von Menschen verbietet. Als Intervention wird der Einsatz einer Technik zur Erzielung bestimmter Wirkungen bezeichnet. Allerdings ist der Begriff mehrdeutig, da er auch allgemein für den Einsatz Sozialer Arbeit oder für sozialpolitische Maßnahmen verwendet wird. Als Strategie wird der Handlungs- oder Veränderungsplan beim methodischen Arbeiten bezeichnet. er ist das Ergebnis der Aushandlung zwischen KlientInnen und SozialarbeiterInnen über die Ziele, die Wege und die einzusetzenden Ressourcen. Die Strategie zielt auf die Lösung eines spezifischen sozialen Problems ab. Demgegenüber sind Methoden generell zur Bearbeitung aller Probleme anwendbar, für deren Lösung sie konstruiert sind. Die Verfahren sind ebenfalls von den Methoden zu unterscheiden. Sie ähneln diesen zwar hinsichtlich ihrer Zielgerichtetheit und der Abfolge von Prozessschritten, verfolgen jedoch nicht ausschließlich und primär spezifisch sozialpädagogisch-sozialarbeiterische Ziele. Verfahrensabläufe sollen vielmehr das Handeln an den Schnittstellen zwischen Recht und Sozialer Arbeit formal ordnen, wie im Hilfeplanverfahren nach dem KJHG, der Jugendgerichtshilfe nach dem JGG oder dem Adoptionsverfahren nach BGB und AdVermiG. Die hier vorgeschlagenen Unterscheidungen sollen der Verständigung über die Begriffe dienen und insbesondere den Methodenbegriff trennschärfer werden lassen.

2   Grundsätze methodischen Handelns

Das methodische Handeln in der beruflichen Sozialen Arbeit orientiert sich an allgemeingültigen ethischen und operationalen Grundsätzen. Die ethischen Prinzipien lassen sich auf die folgenden Aspekte konzentrieren:

- Methodisches Handeln muss auf Wertschätzung der Menschen beruhen.
- Es soll ein Höchstmaß an Selbstbestimmung und Verantwortlichkeit der KlientInnen ermöglichen.
- Weil davon ausgegangen wird, dass KlientInnen ihre Probleme lösen können und in der Lage sind, dafür Verantwortung zu übernehmen, ist methodisches Arbeiten primär prozessorientiert und sekundär ergebnisorientiert. Der häufig als Schlagwort zitierte Grundsatz der „Hilfe zur Selbsthilfe" drückt formelhaft aus, dass die Selbsthilfekräfte der Klientel im Hilfeprozess gestärkt und entwickelt werden sollen.
- Methodisches Handeln benötigt eine Basis gegenseitigen Vertrauens. Sie ist die Grundlage des Arbeitsbündnisses und der Arbeitsbeziehung.
- Die Methodenanwendung soll den Menschen und ihren Problemen entsprechen und ihnen nützen. Deshalb muss methodisches Arbeiten multiperspektivisch von der Lebenslage der KlientInnen ausgehen und ihre Sichtweisen der Probleme und Möglichkeiten einbeziehen.
- Methodisches Handeln soll die Chancengleichheit fördern.

Auf der operationalen Ebene sind folgende Aspekte handlungsleitend:
- Die methodenspezifische und jeweils fallbezogene Fokussierung reduziert die Totalität der Wirklichkeit auf Teilfaktoren des sozialen Problems. Diese gewollte Reduktion macht erst die Bearbeitung anstehender Probleme möglich. Die spezifisch verengte Fähigkeit, nur bestimmte Probleme erkennen und bearbeiten zu können, dient der Konzentration auf Schlüsselprobleme und Schlüsselressourcen des Klientensystems. Methoden können und sollen nicht der Komplexität der Lebenslage der KlientInnen gerecht werden.
- Die Phasierung unterstützt die Steuerung der Prozesse durch:
  1. Datenerhebung;
  2. (gemeinsames) Ordnen und Beurteilen der Fakten;
  3. Aufstellen und Umsetzen eines Handlungsplanes;
  4. Evaluation mit Korrektur und Weiterentwicklung oder Abschluss.
- Die laufende Dokumentation des Prozesses fördert die Reflexion, unterstützt Zwischen-Auswertungen und macht den Prozess für alle Beteiligten transparent.
- Die Integration des erforderlichen Berufswissens, der Handlungskompetenz und der respektvollen Haltung gegenüber den KlientInnen durch methodisches Arbeiten fördert die berufliche Effizienz und stellt im Ergebnis den beruflichen Habitus her.

Methodisches Arbeiten beruht wesentlich auf den hier dargestellten ethischen und operationalen Prinzipien. Dabei ist es Rahmenbedingungen unterworfen, die im Folgenden in ihren Grundzügen dargestellt werden.

3 Rahmenbedingungen

Die Rahmenbedingungen beeinflussen die Möglichkeiten und die Gestaltung des konkreten verändernden Handelns. Insbesondere wirken der gesellschaftliche, der politische, der ökonomische, der rechtliche und der jeweilige organisatorische Rahmen für die Entfaltung oder die Beschränkung einer auf den demokratischen Sozialstaat verpflichteten Sozialen Arbeit. Vier Aspekte sollen besonders hervorgehoben werden:

- Die fortschreitende Demokratisierung und der Prozess der Individualisierung führen zu einem Paradigmenwechsel in der Sozialen Arbeit. Die KlientInnen verlassen ihre Rolle als „Schutzbefohlene" und treten zunehmend als „BürgerInnen" auf, die ihre Rechte einfordern. Angesichts dieses Rollenwechsels versagt das klinische Behandlungsmodell, in dem die Klientel Objekt ist. Der Status von BürgerInnen als eigensinnigen Subjekten erfordert, dass die Art der sozialen Dienstleistung ausgehandelt wird; die Soziale Arbeit muss sich an der Autonomie der Lebenspraxis der KlientInnen ausrichten.
Dem Rollenwechsel der Klientel entspricht der Rollenwechsel der SozialarbeiterInnen von ExpertInnen zu DienstleisterInnen: sie stellen Informationen, Kooperationen, Strukturen und Unterstützungsleistungen zur Verfügung. Die BürgerInnen nutzen die sozialen Dienstleistungen eigensinnig produktiv; sie ändern Verhalten, Einstellungen und Normen. Dies wirkt im ständigen Aushandlungsprozess wieder auf die SozialarbeiterInnen zurück. Die angestrebten Veränderungen können nur durch die Koproduktion zwischen BürgerInnen und HelferInnen erbracht werden (vgl. Ortmann 1996).
- Die Gesellschaft und ihre Agenturen beauftragen die sozialen Berufe mit dem „doppelten Mandat" von Hilfe und Kontrolle. Das professionelle Selbstbild ist primär durch den Auftrag der Hilfe zur Selbsthilfe geprägt, die Gesellschaft erwartet jedoch zur Verhinderung oder Korrektur abweichenden Verhaltens auch die Ausübung von Kontrolle durch die Soziale Arbeit. Für die klare Rollenhandhabung muss das doppelte Mandat daher Gegenstand des ausgehandelten Kontraktes und der ständigen Rollenklärung im methodischen Arbeiten sein, um mit dieser Doppelrolle angemessen umgehen zu können.

- Da methodische Soziale Arbeit auf die Änderung komplexer Geflechte und Vorgänge gerichtet ist, kann sie nicht mit schlichten Wenn-Dann-Technologien operieren. Ihre Instrumente lassen keine sicheren Prognosen über die Folgen des Änderungshandelns zu. Deshalb folgt das berufliche Handeln häufig Plausibilitäts- und Wahrscheinlichkeitsüberlegungen. Das Handeln hat demzufolge häufig den Charakter des Versuchs. Dieser Umstand wird als Technologiedefizit Sozialer Arbeit bezeichnet. Die systemtheoretisch fundierten Methodenentwicklungen wecken berechtigte Hoffnungen, dieser Problematik teilweise entgegen wirken zu können.
- Soziale Arbeit interveniert in den vielgestaltigen und vielschichtigen Alltag der Menschen. Methoden, die als „Ziel-Mittel-Technologien" konstruiert sind, müssen angesichts solcher Komplexität versagen. Angesichts dieses Dilemmas müssen Methoden entwickelt werden, deren Merkmal „strukturierte Offenheit" (Thiersch 1993) ist. Im Strukturrahmen dieses offenen Handlungsmodells arrangieren SozialarbeiterInnen den Methodeneinsatz nach Bedarf und „erfinden" in jeder neuen Situation die Methoden neu. Dafür benötigen sie angesichts der Vielfalt alltäglicher Situationen umfassende und vielfältige Instrumente, sie müssen idealiter verschiedene Methoden beherrschen und in Kombination anwenden. Diese Anforderung wird aber in der Regel die Leistungsfähigkeit einzelner SozialarbeiterInnen strukturell übersteigen (vgl. B. Müller 2001).

4   Wirkungen des methodischen Arbeitens

Das methodische Arbeiten erzielt verschiedene Wirkungen auf unterschiedlichen Ebenen. Sein primärer Zweck ist die professionelle Erfüllung des Berufsauftrages Sozialer Arbeit, also sozialisierend, problemlösend und vorbeugend zu wirken. Ob methodisches Arbeiten diese Wirkungen tatsächlich erzielt, entzieht sich unserer gesicherten Kenntnis. Eine Methoden-Wirkungsforschung findet nicht statt. Aber da alle Methoden systematisch, zielgerichtet und dialogisch angelegt sind, lässt sich davon ausgehen, dass sie der Bearbeitung und Lösung sozialer Konflikte und Probleme dienen. In der beruflichen Erfahrungsempirie und der Methodenliteratur sprechen viele Fallbeispiele für die Effektivität und die Effizienz methodischen Arbeitens. Die zweite wichtige Funktion besteht darin, dass methodisches Arbeiten das unübersichtliche Arbeitsfeld des Alltags begrenzt und ihn damit der Bearbeitung zugänglich macht. Diese Begrenzung dient aber auch der wichtigen psychischen Stabilisierung der SozialarbeiterInnen: sie schützt vor dem resignativen Sog der Erkenntnis, dass die sozialen Probleme hyperkomplex und deshalb nur minimal veränderbar sind. Methodisches Arbeiten strukturiert die Wahrnehmung im Berufsalltag auf Probleme, die zu bearbeiten sind und Möglichkeiten, die es zu erschließen gilt. Damit wird die Handlungsfähigkeit unterstützt. Die methodisch geschulte Wahrnehmung erschließt sich Änderungen und Fortschritte im Prozess. Die daraus resultierende fachliche Gewissheit stärkt die berufliche Identifikation und die Souveränität. Diese Basis fördert aufgeklärtes, selbstbewusstes, partnerschaftliches und systematisches Verhalten gegenüber den KlientInnen. Die methodische Klarheit im Verhalten gegenüber der Klientel erleichtert dieser die Einschätzung der an sie gerichteten Erwartungen und Angebote. Da zum Wesen aller Methoden die Selbstreflexion und die gemeinsame Evaluation gehört, dient methodisches Arbeiten auch dem Schutz der Klientel vor Kunstfehlern. Supervision verstärkt diesen Schutz als fachliche Metareflexion (vgl. Krauß 2002). Die Entwicklung, Anwendung und Reflexion berufsspezifischer Methoden ist ein Element der Professionalisierung, sie dient der Statusentwicklung der Berufsgruppe gegenüber anderen Berufen (vgl. Gildemeister 1992).

Da bisher nur allgemein von Methoden Sozialer Arbeit die Rede war, soll nun ein knapper differenzierender Methodenüberblick gegeben werden.

5   Methodenüberblick

Methoden Sozialer Arbeit wurden nicht nach einem theoriegeleiteten System entwickelt, sondern weil sie berufspraktisch erforderlich waren (vgl. Bernler/Johnsson 1997, S. 16-31). Ihre Systematisierung wurde im Nachhinein vorgenommen, um Abgrenzungen und Überschneidungen feststellen zu können und sie als ein System sich ergänzender Arbeitsweisen aufeinander zu beziehen. In der relativ übersichtlichen westdeutschen klassischen Methodenlandschaft bis in die 1970er Jahre bewährte sich die Einteilung in primäre und sekundäre Methoden. Als primär wurden Methoden bezeichnet, die für die unmittelbare Zusammenarbeit mit den KlientInnen entwickelt wurden und entsprechend einsetzbar waren. Dabei handelte sich um die Soziale Einzelfallhilfe (Roberts/Nee 1974), die Soziale Gruppenarbeit (Konopka 1978) und die Gemeinwesenarbeit (Ross/Lappin 1971). Demgegenüber war das Merkmal der sekundären Methoden, also der Supervision (Caemmerer 1970) zur fachlichen Verbesserung der Arbeit zum Nutzen der KlientInnen und der Sozialplanung (Ortmann 1976; Kühn 1975) zur strukturellen Verbesserung der Lebensbedingungen, insbesondere im Wohnbereich, dass sie indirekt auf die Klientel Sozialer Arbeit einwirkten. Die Studentenbewegung kritisierte die Methoden der Sozialen Arbeit als repressiv-tolerante Herrschaftsinstrumente. Die verunsicherten Lehrenden an den Höheren Fachschulen und Fachhochschulen schlossen sich dieser Methodenkritik an, „fortschrittliche" Lehrende bildeten nicht mehr in Methoden aus. Stattdessen führten sie „Orientierungen" als Handlungsmaximen ein: die antikapitalistische, parteiliche, emanzipatorische, stadtteilbezogene, Bedürfnis- und Alltagsorientierung. Damit waren die „klassischen" Methoden Geschichte geworden. Bald wurde jedoch deutlich, dass solch allgemeine Orientierungen täglich neu die „Erfindung" angemessener Arbeitsformen forderten. Sie waren zu unscharf, um das alltägliche berufliche Handeln effektiv und effizient zu organisieren. Der Mangel an handlungsanleitendem Wissen provozierte die Suche nach „sicheren" Verfahren, die vor allem im „Psychoboom" gefunden wurden. Gleichzeitig stellte die rasante gesellschaftliche Entwicklung, die mit den Stichworten Individualisierung, Globalisierung, technologische Revolution, wachsende Arbeitslosigkeit, Neue Armut, zunehmende Ungleichheit der Lebensverhältnisse zwischen Arm und Reich, Ost und West, neue Säkularisierung und Sinnverlust skizziert werden kann, immense neue Anforderungen an die Soziale Arbeit, während zugleich die finanziellen Transfers in den Sozialbereich verringert wurden. Als Spiegel der gesellschaftlichen Entwicklungen und unter dem Zwang dieser Verhältnisse entwickelte sich ein erheblich breiteres Spektrum an Handlungskonzepten und Methoden, als es die klassischen Methoden geboten hatten. Bei aller Vielfalt dieses Spektrums der aktuellen Praxis Sozialer Arbeit (vgl. BMJFFG 1990, S. 167 ff.) kann man als gemeinsame Orientierungen des Handelns das Streben nach Professionalität und Solidität, die weitgehende Beteiligung der Betroffenen und das Arbeiten nach Konzepten konstatieren. Demgegenüber sind grundlegende kritische Fragen zu gesellschaftlichen Funktionen Sozialer Arbeit in den Hintergrund getreten. Die aktuelle Praxis methodischen Arbeitens läßt sich durch folgende Aspekte charakterisieren:

- Methodenspezialisierung: Bereits im Studium und in Zusatzausbildungen erwerben SozialarbeiterInnen hohe spezifische Qualifikationen in Beratung, (systemischer) Familienberatung und Familienhilfe, Erlebnispädagogik, Straßensozialarbeit, Psychodrama und Soziodrama, Medienarbeit, Supervision, Institutionsberatung, Sozialmanagement, die sie für die tägliche Berufstätigkeit fruchtbar machen.

- Methodenpluralismus: Seine Voraussetzung ist die Methodenspezialisierung, die das Spektrum der beruflichen Handlungsmöglichkeiten erheblich erweitert. Er entspricht der zunehmenden Pluralität von Lebensformen und bietet die Möglichkeit, auch jene Gruppen zu erreichen, die bisher den Wahrnehmungsrastern beruflicher Sozialer Arbeit nicht zugänglich waren. Da jedoch „anything goes", fördert er auch die Ausprägung Sozialer Arbeit zur Spielwiese von SozialarbeiterInnen, die mit der x-ten Spezialisierung ihren eigenen Status befördern, anstatt sich am gesellschaftlichem Nutzen ihres Tuns zu orientieren.

- Institutionalisierte Reflexivität: Die Einsicht in die Notwendigkeit der Reflexion sozialberuflichen Handelns wird heute nicht mehr ernsthaft bestritten, auch nicht von den Trägern Sozialer Arbeit. Dem entsprechen mehrere Arbeitsformen auf verschiedenen Reflexionsebenen mit unterschiedlicher Reflexionsintensität und -tiefe, die zunehmend Verbreitung finden wie Teamarbeit, Supervision, Kollegialberatung und Organisationsentwicklung.
- Ökologische Orientierung (vgl. Wendt 1990): Sie lässt sich mit dem „Arbeitsprinzip Gemeinwesenarbeit" (vgl. Boulet/Krauß/Oelschlägel 1980) in Verbindung bringen und nutzt die Anwendung systemtheoretischer Konstrukte für Soziale Arbeit. Ihre Merkmale bestehen in der systemischen Problembearbeitung, der lebensraumorientierten Aktivierung und Einbeziehung von Netzwerken (insbesondere Nachbarschaften) und der Koordinierung und Kooperation beruflicher Arbeit mit anderen Aktivitäten auf Stadtteilebene in Arbeitskreisen.
- Einmischungs-Strategien (vgl. Mielenz 1981): Sie eröffnen Sozialer Arbeit die Chance, ihre Berufsethik in Verbindung mit ihrer Fachlichkeit vor allem auf kommunaler Ebene wirksam werden zu lassen. Ironischerweise zwingt die wachsende private Armut in Verbindung mit der Verknappung der öffentlichen Haushalte die Soziale Arbeit, sich mit Projekten zur Vermeidung bzw. Verminderung der sozialen Folgekosten von Sozialabbau, Ausgrenzung und Diskriminierung zu etablieren.

Neben den bis hier beschriebenen Aspekten professionellen methodischen Arbeitens verdient die Laienbewegung als Selbsthilfe und Soziales Ehrenamt für die Lösung Sozialer Konflikte hohe Beachtung. Als Organisationsform wird häufig der freigemeinnützige Verein gewählt. Sofern dort SozialarbeiterInnen tätig sind, besteht ihr methodisches Instrumentarium primär aus Beratung, sowie Selbsterfahrungs- und Kreativtechniken. Sie wenden sich häufig gegen die Verwissenschaftlichung Sozialer Arbeit und suchen nach ganzheitlichen Lebens-, Beratungs- und Arbeitskonzepten. Der breiten Ausdifferenzierung von Handlungskonzepten tragen Michael Galuske und C. Wolfgang Müller (2002, S. 504) mit ihrer aktuellen Systematisierung Rechnung. Der Doppel-Titel „Handlungskonzepte und Methoden" entspricht der bestehenden Unklarheit über die Abgrenzung zwischen den Begriffen Methode und Konzept. Gleichwohl gelingt ihnen eine Kategorisierung, die implizit die klassische Kategorisierung aufnimmt, sie aber so erweitert, dass das breit ausdifferenzierte Methodenarsenal zugeordnet werden kann. Sie unterscheiden:

- direkt interventionsbezogenen Konzepte und Methoden,
- indirekt interventionsbezogene Konzepte und Methoden und
- struktur- und organisationsbezogene Konzepte und Methoden.

Die „direkt interventionsbezogenen Konzepten und Methoden" unterteilen sie in „einzelfall- und primärgruppenbezogenen Methoden" und die „Gruppen- und sozialraumbezogenen Methoden". Der Ersteren ordnen sie Soziale Einzelhilfe, Methoden der Beratung, Multiperspektivische Fallarbeit, Case-Management, Mediation, Rekonstruktive Sozialarbeit und Familientherapie zu; die zweite Kategorie umfasst Soziale Gruppenarbeit, Gemeinwesenarbeit, Erlebnispädagogik, Themenzentrierte Interaktion, Empowerment, Streetwork/aufsuchende Sozialarbeit und Soziale Netzwerkarbeit.

Unter die „indirekt interventionsbezogenen Konzepte und Methoden" rubrizieren sie Supervision und Selbstevaluation. Den „struktur- und organisationsbezogenen Konzepten und Methoden" ordnen sie zwei Typen zu. Einerseits die Jugendhilfeplanung und, den neueren Entwicklungen folgend, die betriebswirtschaftlich generierten Methoden für das Sozialmanagement, wie Organisationsentwicklung, Qualitätsmanagement, Qualitätssicherung, Personalführung und Personalentwicklung.

Natürlich läßt sich kritisieren, dass in dieser Systematik Methoden sehr unterschiedlicher Reichweite und unterschiedlichster Ausdifferenzierung nebeneinander gestellt werden. Diese Unterschiede entsprechen jedoch der aktuellen Methodenvielfalt. Ihre Systematisierung ermöglicht die vergleichende Betrachtung und trägt damit zur neu belebten Methodendiskussion bei.

6   Ausblick

Die gesellschaftlichen Verwerfungen zur Zweidrittel-Gesellschaft verbunden mit den Chancen und der Last der Individualisierung verlangen von Sozialer Arbeit ihren Anteil an den Problembearbeitungen und ein „Normalangebot" zur Alltagsbewältigung durch die Bereitstellung und den Einsatz wirkungsvoller Methoden. Auf Mikro- und Mesoebene schreitet deren Entwicklung voran. Dabei verdient besondere Beachtung, dass Soziale Arbeit ihre Berührungsängste gegenüber ökonomischen Fragen aufgibt, und sich damit zunehmend im Rahmen des Sozialmanagement auseinandersetzt. Sie anerkennt damit auch die Legitimität der gesellschaftlichen Forderung, den Einsatz gesellschaftlicher Ressourcen zu verantworten. Jenseits der gesellschaftlichen Notwendigkeit für die Methodenentwicklung und -anwendung hat sich das Klima dafür in den Organisationen Sozialer Arbeit durch das Kinder- und Jugendhilfegesetz erheblich verbessert, da es Fachlichkeit und methodische Arbeitsformen stark in den Vordergrund rückt. Aber auch die Diskussion um die Entwicklung einer Theorie der Sozialarbeit/ Sozialpädagogik im Rahmen einer Sozialarbeitswissenschaft hat wesentlich zum erneuten Aufleben der Methodendiskussion beigetragen.

Einige besonders fruchtbare Beiträge sollen hier abschließend knapp dargestellt werden. Die Entwicklung eines gemeinwesenorientierten Arbeitsprinzips Sozialer Arbeit, abgeleitet aus der Bestimmung ihrer gesellschaftlichen Funktion, durch Jean-Jacques Boulet, E. Jürgen Krauß und Dieter Oelschlägel (1980) hatte bei Erscheinen nur eine sehr begrenzte Impulswirkung, erfährt aber seit längerem eine Renaissance durch verbreitete Anwendung des Arbeitsprinzips. Das ist möglicherweise auch Wolf Rainer Wendt zu danken, der 1990 mit seinem öko-sozialen Konzept wesentlich zu einem umfassenden systemtheoretisch generier-ten Verständnis Sozialer Arbeit beitrug. Ein eminent wichtiger Impuls war und ist vom ersten Erscheinen 1988 bis heute in der inzwischen zehnten Auflage die Arbeit von Karlheinz A. Geißler und Marianne Hege. Sie verlassen die Schüt-zengräben abgegrenzter Konzepte und verbinden sie zur Diagnose, Analyse und Handlungsanleitung so, dass ein schlüssiges Handlungskonzept entstand, an dem der Vorwurf des Eklektizismus wirkungslos abgleitet. Interessanterweise arbeiten Gunnar Bernler und Lisbeth Johnsson (1997) in Schweden mit ähnlicher Konzep-tion und sind für die psychosoziale Praxis ebenfalls impulsgebend. Norbert Gro-deck und Michael Schumann (1994) ist der Verdienst zuzuschreiben, als Ergebnis curricularer Reflexionen im KollegInnenkreis die Schlüsselrolle der Methoden im Modernisierungsprozess der Sozialen Arbeit plausibel herausgearbeitet zu haben. Thomas Rauschenbach, Friedrich Ortmann und Maria-Eleonora Karsten (1993) ist es zu verdanken, das fruchtbare Konzept der alltagsorientierten Sozialpäda-gogik von Hans Thiersch mit der Heranführung an lebensweltorientierte Metho-den gebündelt zu haben, wodurch die Diskussion erneut belebt wurde. Burkhard Müller (1993) erfreute im gleichen Jahr mit seiner Kunstlehre des Fallverstehens. Er knüpft an die klassischen Methoden an, wählt einen hermeneutischen Zugang und entwickelt sie im Lichte der soziologischen und ethnologischen Forschung weiter zu seinem Konzept der multiperspektivischen Fallarbeit. Als Handlungsty-pus bezieht er sich auf den von H. Thiersch eingeführten und von ihm weiter entwickelten „offenen Typus sozialpädagogischer Professionalität" in dem die so-zialberuflich Tätigen professionelle Handlungskompetenz mit forschender Praxis verbinden. Wenngleich diese Überlegungen hinsichtlich ihres hohen Anspruchs-niveaus vielleicht praktisch nicht die erwünschte Breitenwirkung entfalten, so ist in der Literatur wie in Praktikergesprächen der Impuls wirksam und spürbar. So, wie Walter A. Friedländer und Hans Pfaffenberger (1966) mit ihrem systema-tisierten Methodenüberblick die Methodendiskussion in Ausbildung und Praxis trugen, hat das viel gelesene ausbildungsrelevante Werk von M. Galuske (1998, 2003) erneut erhebliche Schubkraft in die Methodendiskussion gebracht, indem er erstmals nach fast 40 Jahren eine kritisch vergleichende Methodendarstellung zur Verfügung stellte, die das Qualitätsniveau des methodischen Nachdenkens insbesondere in Ausbildung und Praxis positiv beeinflusste. Er stellt mit seinem Werk Zusammenhänge Sozialer Arbeit dar, die durch den Methodenpluralismus verloren gegangen waren. Dieser abschließende Ausblick wäre ganz unvollständig ohne den Hinweis auf die Arbeit der Forschungsgruppe „Methoden in der Sozialen Arbeit". Maja Heiner, Marianne Meinhold, Hiltrud von Spiegel und Silvia Staub-Bernasconi haben sowohl in Einzel- als auch Gemeinschaftsveröffentlichungen methodologische Klärungen zur Diskussion gestellt und kommen zu praktischen methodischen Ergebnissen, zuletzt mit dem Lehrbuch von Hiltrud von Spiegel (2004). Die Gruppe verläßt die Einbahnstraßen von der Theorie zur Praxis oder von der Praxis zur Theorie. Stattdessen praktizieren ihre Mitglieder den forschenden Austausch zwischen SozialarbeiterInnen und WissenschaftlerInnen, der zu handwerklich soliden und wissenschaftlich fundierten Arbeitsweisen führt – ein Verfahren, dass schon die „Mütter" der Methoden Sozialer Arbeit praktizierten. Back to the roots? Ja, vorwärts über die Selbstvergewisserung der Wurzeln der Sozialen Arbeit.

Literatur

Bernler, G./Johnsson, L. (1997): Psychosoziale Arbeit. Eine praktische Theorie. Weinheim u. Basel.
BMJFFG (Hrsg.) (1990): Achter Jugendbericht. Bonn.
Boulet, J. J./Krauß, E. J./Oelschlägel, D. (1980): Gemeinwesenarbeit. Eine Grundlegung. Bielefeld.
Caemmerer, D. (Hrsg.) (1970): Praxisberatung (Supervision). Ein Quellenband. Freiburg i. B.
Friedländer, W. A./Pfaffenberger, H. (Hrsg.) (1966): Grundbegriffe und Methoden der Sozialarbeit. Neuwied u. Berlin.
Galuske, M. (⁵2003): Methoden der Sozialen Arbeit. Eine Einführung. Weinheim u. München.
Galuske, M./Müller, C. W. (2002): Handlungsformen in der Sozialen Arbeit. Geschichte und Entwicklung. In: Thole, W. (Hrsg.) (2002): Grundriss Soziale Arbeit. Opladen, S. 485-508.
Geißler, K. A./Hege, M. (¹⁰2001): Konzepte sozialpädagogischen Handelns. Weinheim u. Basel.
Gildemeister, R. (1992): Neuere Aspekte der Professionsdebatte. Soziale Arbeit zwischen immanenten Kunstlehren des Fallverstehens und Strategien kollektiver Statusverbesserung. In: Neue Praxis, 22. Jg., Heft 3/1992, S. 207-219.
Grodeck, N./Schumann, M. (Hrsg.) (1994): Modernisierung Sozialer Arbeit durch Methodenentwicklung und -reflexion. Freiburg i. B.
Heiner, M. (⁴1998): Methodisches Handeln in der Sozialen Arbeit. Freiburg i. B.
Konopka, G. (⁶1978): Soziale Gruppenarbeit. Ein helfender Prozeß. Weinheim u. Basel.
Krauß, E. J. (2002): Supervision für Soziale Berufe. In: Thole, W. (Hrsg.) (2002): Grundriss Soziale Arbeit. Ein einführendes Handbuch. Opladen, S. 603-616.
Kühn, D. (1975): Kommunale Sozialplanung. Stuttgart u. a.
Mielenz, I. (1981): Die Strategie der Einmischung. In: Neue Praxis, Sonderheft 6/1981, S. 57-66.

Müller, B. (²2001): Methoden. In: Otto, H.-U./Thiersch, H. (Hrsg.) (2001): Handbuch Sozialarbeit Sozialpädagogik. S. 1194-1204.

Müller, B. (1993): Sozialpädagogisches Können. Freiburg i. B.

Müller, C. W. (²2001): Methoden: Geschichte. In: Otto, H.-U./Thiersch, H. (Hrsg.): Handbuch Sozialarbeit Sozialpädagogik. S. 1205-1210.

Müller, C. W. (1982): Wie Helfen zum Beruf wurde, Bd. 1. Weinheim.

Müller, C. W. (³1997): Wie Helfen zum Beruf wurde, Bd. 2. Weinheim.

Ortmann, F. (Hrsg.) (1976): Sozialplanung für wen? Gesellschaftsstruktur, Planung und Partizipation. Neuwied u. Darmstadt.

Ortmann, F. (1996): Neue Steuerungsformen der Sozialverwaltung und soziale Arbeit. In: NDV Heft 2/1996, S. 62-67.

Rauschenbach, Th./Ortmann, F./Karsten, M.-E. (Hrsg.) (1993): Der sozialpädagogische Blick. Weinheim u. München.

Roberts, R. W./Nee, R. H. (Hrsg.) (1974): Konzepte der Sozialen Einzelhilfe. Freiburg i. B.

Ross, M. G./Lappin, B. W. (²1971): Gemeinwesenarbeit. Theorie, Prinzipien, Praxis. Freiburg i. B.

Spiegel, H. v. (2004): Methodisches Handeln in der Sozialen Arbeit, München u. Basel.

Thiersch, H. (1993): Strukturierte Offenheit. Zur Methodenfrage einer lebensweltorientierten Sozialen Arbeit. In: Rauschenbach, Th./Ortmann, F./Karsten, M.-E. (Hrsg.) (1993): Der sozialpädagogische Blick. Weinheim u. München, S. 11-28.

Wendt, W. R. (1990): Ökosozial Denken und Handeln. Freiburg i. B.

AutorInnen und Herausgeber

Galuske, Michael, Prof. Dr. phil. habil., Lehramtsstudiengang für die Sek. II, Hochschullehrer für Sozialpädagogik am Fachbereich Sozialwesen der Universität Kassel; Arbeitsschwerpunkte: Methoden der Sozialen Arbeit, Sozialpädagogik und Arbeitsgesellschaft

Hansen, Eckhard, Prof. Dr., Hochschullehrer für Soziologie Sozialer Dienste und Einrichtungen am Fachbereich Sozialwesen der Universität Kassel; Arbeitsschwerpunkte: Geschichte und Soziologie Sozialer Dienstleistungen

Kessl, Fabian, Dr. phil, wissenschaftlicher Assistent an der Fakultät für Pädagogik, AG Sozialarbeit/Sozialpädagogik der Universität Bielefeld; Arbeitsschwerpunkte: Jugendhilfeforschung, Fragen einer politischen Theorie Sozialer Arbeit und einer sozialraumsensiblen Sozialen Arbeit

Krauß, E. Jürgen, Dipl. Supervisor, wissenschaftlicher Mitarbeiter am Fachbereich Sozialwesen der Universität Kassel; Arbeitsschwerpunkte: Wissenschaftliches Arbeiten, Kommunale Sozialpolitik

Kreuzer, Max, Prof. Dr., Hochschullehrer am Fachbereich Sozialwesen der Hochschule Niederrhein; Arbeitsschwerpunkte: Methoden der Sozial-, Heil- und Sonderpädagogik

Meinhold, Marianne, Prof. Dr. phil., Hochschullehrerin im Fachbereich Sozialwesen der Fachhochschule Münster; Arbeitsschwerpunkte: Jugendhilfe, Sozialmanagement, Qualitätsentwicklung in der Sozialen Arbeit

Müller, Burkhard, Prof. Dr. theol., Dipl.-Pädagoge, bis 2004 Hochschullehrer am Institut für Sozialpädagogik der Universität Hildesheim; Arbeitsschwerpunkte: Theorie und Methodologie Sozialer Arbeit

Müller-Kohlenberg, Hildegard, Prof. Dr. phil., Dipl.-Psychologin, Hochschullehrerin am Fachbereich Erziehungs- und Kulturwissenschaften der Universität Osnabrück; Arbeitsschwerpunkte: Evaluationsforschung, Sozial- und Organisationsmanagement

Struck, Norbert, Dipl.-Pädagoge, Jugendhilfereferent beim Paritätischen Gesamtverband; Arbeitsschwerpunkte: Theorie und Organisation der Kinder- und Jugendhilfe, Kinder- und Jugendhilferecht

Thole, Werner, Prof. Dr. phil. habil., Dipl.-Pädagoge; Hochschullehrer für Jugend- und Erwachsenenbildung am Fachbereich Sozialwesen der Universität Kassel; Arbeitsschwerpunkte: Theoretische, professionsbezogene und disziplinäre Fragen der Sozialpädagogik, Methodologie sozialpädagogischer Forschung, Theorie und Praxis der Kinder- und Jugendhilfe, Kindheits- und Jugendforschung

Suchttherapie

Hilarion Petzold / Peter Schay /
Wolfgang Ebert (Hrsg.)

Integrative Suchttherapie
Theorie, Methoden, Praxis, Forschung
2004. 535 S. Br. EUR 39,90
ISBN 3-8100-3748-6

Das Werk gibt einen breiten Überblick über moderne Theoriekonzepte, Behandlungsmodelle und -methoden, Forschung zur Qualitätssicherung in der Suchttherapie (Drogenabhängigkeit, Alkoholismus) aus hoch- und niedrigschwelligen Praxisfeldern. Die AutorInnen vertreten methodenübergreifende Konzepte der Integrativen Therapie und Psychologischer Psychotherapie, einer ganzheitlichen und differentiellen Soziotherapie und Beratung. Es kommen hier Erfahrungen und Innovationen aus einem Zeitraum von 30 Jahren zum Tragen.

Hilarion Petzold / Peter Schay /
Wolfgang Scheiblich (Hrsg.)

Integrative Suchtarbeit
Innovative Modelle, Praxisstrategien und Evaluation
2005. ca. 796 S. Br. ca. EUR 39,90
ISBN 3-531-14661-0

Die nach wie vor gravierenden gesellschaftlichen Probleme im Umgang mit Sucht, die unverändert hohe Zahl Abhängigkeitskranker und die damit verbundenen Probleme machen eine breite Übersicht über Therapiekonzepte notwendig. Die Fortschritte der Forschung und die Erfahrungen der therapeutischen Praxis machen diese Dokumentation klinischen und psychosozialen Wissens möglich, wie sie in dieser umfassenden Form bislang nicht vorliegt. Im Kontext der aktuellen Diskussion bietet der Band „Integrative Suchttherapie II" einen umfassenden Theorie-Praxis-Überblick zu Konzepten, Methoden, Settings methodenübergreifender „biopsychosozialer" Behandlungsansätze für Suchtkranke, wie sie die „Integrative Therapie" mit ihren innovativen Ansätzen der Psycho-, Sozial-, Netzwerk-, Kreativ- und Lauftherapie oder zur Motivations-, Familien- und Traumabehandlung entwickelt hat.

Peter Schay

Innovationen in der Drogenhilfe
Beispiele alternativer Finanzierungsmöglichkeiten und inhaltlicher Weiterentwicklung
2005. ca. 150 S. Br. ca. EUR 19,90
ISBN 3-531-14539-8

In der Reflexion der Auswirkungen von „Illegalität und Kriminalität" auf die Drogenpolitik sind in den letzten Jahren neue Arbeitsansätze entstanden, die sich auf die rechtlichen Rahmenbedingungen und auf die Entkriminalisierung der Drogenabhängigen konzentrierten. Peter Schay und Nadja Wirth zeigen auf, in welches System die Arbeitsansätze in der Drogenhilfe eingebettet werden müssen, um den sich stetig verändernden Anforderungen der Klientel und der Leistungsträger gerecht werden zu können.

Erhältlich im Buchhandel oder beim Verlag.
Änderungen vorbehalten. Stand: Juli 2005.

www.vs-verlag.de

VS VERLAG FÜR SOZIALWISSENSCHAFTEN

Abraham-Lincoln-Straße 46
65189 Wiesbaden
Tel. 0611.7878-722
Fax 0611.7878-400

Handbücher Sozialpädagogik

Ulrich Deinet /
Benedikt Sturzenhecker (Hrsg.)

Handbuch Offene Kinder- und Jugendarbeit

3., völlig überarb. Aufl. 2005. 662 S.
Geb. EUR 59,90
ISBN 3-8100-4077-0

Die dritte völlig überarbeitete Neuauflage des „Handbuches Offene Kinder- und Jugendarbeit" zeigt den fachlichen Entwicklungsstand dieses großen pädagogischen Feldes in der Jugendhilfe. Es dokumentiert historische Entwicklungen, analysiert die aktuelle Situation und zeigt Perspektiven für einen weiteren Veränderungs- und Qualifizierungsprozess der Offenen Kinder- und Jugendarbeit auf. Ziel des Handbuches ist die Stärkung der Jugendarbeit. Das Handbuch richtet sich vor allen Dingen an die Praktikerinnen und Praktiker der Offenen Kinder- und Jugendarbeit. Es soll Erfahrungen der Praxis analytisch verdichten, Formen und Probleme der Offenen Kinder- und Jugendarbeit beschreiben, Chancen und Entwicklungsmöglichkeiten aufzeigen sowie Argumente zur fachlichen und jugendpolitischen Sicherung des Feldes beschreiben.

Fabian Kessl / Christian Reutlinger /
Susanne Maurer / Oliver Frey (Hrsg.)

Handbuch Sozialraum

2005. ca. 655 S. Geb. ca. EUR 49,90
ISBN 3-8100-4141-6

Sozialräume stehen im Mittelpunkt sozialpolitischer, stadtplanerischer, stadtsoziologischer, sozialgeographischer und sozialpädagogischer Debatten. Das Handbuch Sozialraum durchquert diese unterschiedlichen disziplinären Diskursstränge und arbeitet die Perspektiven auf die Sozialräume erstmals grundlegend auf. Es ermöglicht für Studium, Praxis und Forschung als erstes Grundlagenwerk einen Überblick über die umfangreiche deutschsprachige Sozialraumdebatte und eröffnet neue Zugänge für deren konzeptionelle Erweiterung.

Gerhard Falk / Peter Heintel /
Ewald E. Krainz

Handbuch Mediation und Konfliktmanagement

2005. 404 S. Geb. EUR 69,90
ISBN 3-8100-3957-8

Mediation ist ein Konfliktregelungsverfahren, das zunehmend und in immer mehr gesellschaftlichen Feldern Anwendung findet. Mediation geschieht jedoch nicht „von alleine", sondern benötigt qualifizierte „Verfahrenshelfer". Wer aber ist als Mediatorin oder Mediator geeignet und welche Kompetenzen sind zu erlernen? Das Handbuch gibt hierzu Antworten zu den Themenbereichen Konfliktmanagement, Konfliktdynamik und Regelungsprozesse. Mit der Einführung in Lerninhalte, Methoden und das Konzept der reflexiven Qualifizierung bieten die AutorInnen Ideen, Anregungen und Erfahrungswerte zur Entwicklung eines Qualifikationsprofils für Mediatorinnen und Mediatoren.

www.vs-verlag.de

Erhältlich im Buchhandel oder beim Verlag.
Änderungen vorbehalten. Stand: Juli 2005.

VS VERLAG FÜR SOZIALWISSENSCHAFTEN

Abraham-Lincoln-Straße 46
65189 Wiesbaden
Tel. 0611.7878-722
Fax 0611.7878-400

MIX
Papier aus verantwortungsvollen Quellen
Paper from responsible sources
FSC® C105338

If you have any concerns about our products,
you can contact us on
ProductSafety@springernature.com

In case Publisher is established outside the EU,
the EU authorized representative is:
Springer Nature Customer Service Center GmbH
Europaplatz 3, 69115 Heidelberg, Germany

Printed by Libri Plureos GmbH
in Hamburg, Germany